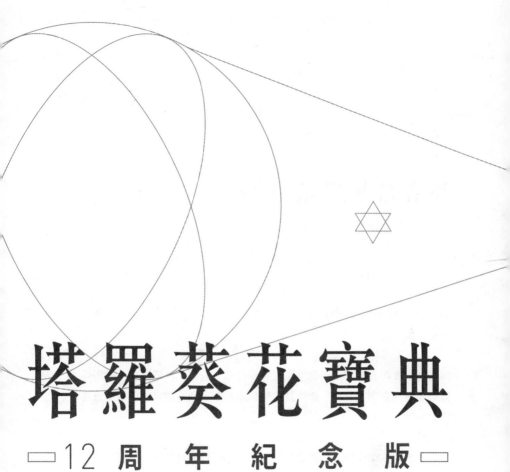

塔羅葵花寶典

─ 12 周 年 紀 念 版 ─

學習塔羅開啟智慧

對有意鑽研神秘學的學者而言，研究塔羅牌是非常有趣的，因為塔羅牌內包羅萬象，正好練功。

例如塔羅牌內有數字，而數字和靈數學有關，若不了解靈數學，則很難了解塔羅牌內數字之意義，而牌陣也與數字有關，破解數字才能破解五花八門之牌陣。

塔羅牌也和星象有關，例如星星月亮太陽都出現在塔羅牌中，而黃道十二宮的符號也常出現在塔羅牌中，例如偉特版塔羅牌的大塔羅中十號命運之輪和二十一號世界的圖形中都有金牛座、獅子座、天蠍座和寶瓶座之符號放在四角，若不了解占星術，則很難了解塔羅，其實小塔羅之宮廷牌也和黃道十二宮有關，甚至牌陣之順時針擺法和逆時針擺法也和占星有關，若能看出其中關聯意義，對解牌幫助甚大。

塔羅牌也和曆法有關，例如小塔羅之四個花色，就代表地水火風，一年之四季，每個花色十三張，就代表一季之十三週，若了解曆法，則對於塔羅占卜之應期，可能確切掌握，增加對人事預測之穩定。

塔羅牌也和色彩有關，每張牌的色彩色調不同，都反應了占卜事件的性質，而色彩要如何解呢?那就要對人體的脈輪氣場有認識，了解色彩對應之脈輪，脈輪對應之生命意義，才能破解色彩，也才能由出牌之色彩得到對占卜事件演變之洞見。

塔羅牌是較接近全腦開發的神秘學課題，中華超心理學會也一直用牌來作為開發心靈力量的協助工具，從古到今，大家有志一同，都在玩牌，可見古人之高明，而現代人也重視傳承之智慧。

向日葵小姐有個向日葵塔羅網，風評甚佳，敝人常登錄該網參觀，獲益甚多，了解向日葵小姐乃負有天命之人類，負責迎接寶瓶時代之降臨，現在向日葵小姐又將其塔羅牌研究之私房精華集結出書，敝人有幸先睹為快，特向讀者推薦，這是一本幫助您徹底了解塔羅牌之好書。

王中和　序於台北指南山

找到屬於自己的
塔羅之路

「向日葵塔羅網」為華人地區首屈一指的塔羅牌網站，今站長向日葵以其豐富的塔羅學識與人生智慧，著書一冊以饗讀者，實在是塔羅研究者之福。

書成之際，向日葵邀序於筆者乃清風之榮幸，故樂為序以贈之。筆者與向日葵相識多年，最佩服她的有幾點：首先是深厚的外文能力。作者當年不只以第一志願考進台大外文系，連研究所的入學考試也是從近百人之中拿下第一名。以此過人的外文造詣，悠遊於浩瀚的塔羅原文書海自然是輕而易舉、事半功倍，必有她獨具靈心慧眼的心得。

再者，向日葵處事認真負責，從擔任台大易學社社長至創立台大塔羅社擔任創社社長，都以細心縝密的態度處事，而造就兩社團的興旺氣勢。這樣的精神延續到她架設向日葵塔羅網來分享塔羅研究心得、傳播正確的觀念，都依循著她一貫的處事原則。

而今，作者當時架站的無私奉獻心都開花結果為在塔羅界的聲名、超高的網路閱覽人次，以及各位讀者現在看到的這本書。這都在在印證了「施即受」的宇宙鐵律，也是上天對她的純粹原始動機之肯定。

話題回到向日葵的大作來，本書的內容融合作者遍覽群書的心得，以及多年來對於塔羅牌的探討與研究。這些紮實的內涵，在作者細密而負責任的心態下以一本實實在在的作品呈現在我們的面前。它不只擁有眾多原文好書的內涵，更是一部獨一無二的作品。由淺入深的觀念，能夠指引初學者一條學習塔羅牌的捷徑，而論述詳盡的牌義介紹，對於進階研究者也有不小的參考價值。可説是一本人人必備的好書。

最後，有志於學習塔羅牌或正在這條路上的朋友，應該都會問一個問題：「學塔羅所為何事？」對於這個問題，每個人可能都有不同的答案。清風認為，除了預測未來、規劃人生之外，學習塔羅牌中的智慧，進而探索宇宙的終極實相，才是更重要的目的。希望各位讀者都能藉由閱讀向日葵站長的大作，找到那屬於自己的塔羅牌之路。

2004/7/23 清風　序於台北

塔羅葵花寶典
12 周年紀念版

當編輯通知我要出新版《塔羅葵花寶典》的消息時，我掐指一算方覺時光荏苒，這本書竟然已經出版十二年，銷售近三萬冊了。探出頭來看看台灣現在的塔羅界發展，塔羅出版品已經從當年的貧瘠荒蕪，進展到現在的百花齊放了，真令人不勝喜慰。

《塔羅葵花寶典》甫出版時，我還是個研究生。那一年我曾認真考慮要朝塔羅界前進，不過最終仍選擇進入了企業界。我從來不曾收費為人解牌或開班授課，不過我經營的公司銷售歐美進口塔羅牌，並邀請優秀的塔羅老師來開班授課，也算是用我更擅長也更有效率的方式來服務塔友。

昨日，我們開了一堂偉特塔羅初級班，報名額滿，反應熱烈。授課的是我從台大社團時期就並肩作戰的老同學Lailai。想當年畢業時我們各自進入商業界，最後竟還是回到塔羅重聚首。又，在準備新版內容的期間，我多年來頭一次接到塔羅社學弟妹邀請回校演講。這種種發生，不禁令我感到因緣的巧妙，實非凡人可預料。

至今儘管我已深入花精與靈性的領域，仍然肯定塔羅牌的效用。對於祈求答案、尋求解惑的人，塔羅牌能提供的協助，價值非凡。

最後，我要謝謝所有曾經在過去、現在及未來支持我的讀者朋友們。祝福所有行走在人世間的美麗的靈魂，願大家都能在此書中找到內心最需要的解答。

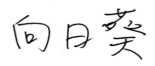

2015.12.6於桃園晶荷幸福空間

目
錄

Chapter 5 / **實占技巧**

Chapter 6 / **個人化你的塔羅牌**

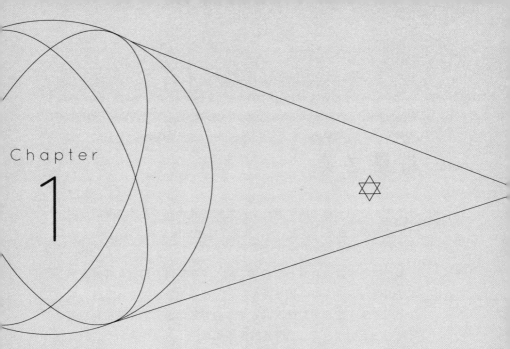

Chapter

1

認 識 ———
塔 羅 牌

人們受到塔羅牌吸引，可能有很多原
因。藝術收藏家喜愛它的美麗圖像，一
般大眾喜歡它占卜時的神準，靈修人士
喜歡用它來冥想並且幫助心靈成長，還
有人喜歡拿塔羅牌來遊戲。塔羅牌有這
麼多神奇的面貌，等著我們來探索。

1

塔 羅 之 美

目前最古老的一副塔羅牌源自十四世紀的義大利，至於塔羅牌最早的起源則說法眾多，莫衷一是，只能留待歷史學家去深究。

一副完整的塔羅牌共有七十八張，版本則有千種，可以在各大書局或網路商店取得。每張塔羅牌都有非常豐富的象徵圖像，包含人類文化的智慧，是一本能供人探索一生的智慧之書。本書著重探討塔羅牌的占卜功能，特別是牌義的理解與應用，可以作為初學者的牌義辭典，也可作為老手的進階閱讀。

本書採用目前全世界最普遍的萊德偉特塔羅牌（Rider-Waite Tarot Deck）作為牌義解說的範本。傳統的塔羅牌中，小阿爾克納牌組的數字牌都只畫出撲克牌般的花色，使用者很難從中得到牌義資訊，萊德偉特牌的特殊之處在於設計者將小阿爾克納也用具體的圖像來描繪，所以新手也可以一目了然，對牌義的學習有極大的幫助。如果讀者手邊有萊德偉特牌，或任何同系統的塔羅牌（一般而言，力量牌編號八，正義牌編號十一，而且數字牌有具體圖案的牌，多半屬於偉特系統），都可以套用此書的牌義。如果讀者使用的是其他系統的塔羅牌，例如馬賽牌（Tarot de Marseilles）或托特牌（Aleister Crowley Thoth Tarot Deck），那麼此書可以作為牌義推演的參考，但不建議直接套用。

對塔羅牌完全沒有概念的新手，在看完第一章之後，建議先看「占卜流程」的章節，才知道塔羅占卜如何進行。

2

塔 羅 占 卜 淺 説

塔羅牌占卜跟一般人認為的算命不太一樣。我們老祖宗俗稱的五術，包含山醫命相卜五種，一般人認為的算命屬於「命類」，塔羅占卜則屬於「卜類」。

命類是運用出生年月日來推算一個人一生的先天性格和後天的運勢起伏，例如八字、占星術或紫微斗數，也就是俗稱的命理。塔羅牌則屬於占卜類，是遇到明確問題時，才來尋求解惑，和易經卜卦及求籤類似，是俗稱的占卜。所以，必須要有一個明確的問題，才能尋求塔羅占卜，而且算出的結果也只是短期的，通常最多只有一兩年。

有些人覺得塔羅牌很神，因為它很準。事實上，算準並不是塔羅占卜的目的。在結果不好時，算不準才是應該追求的目標。因為塔羅牌算出的結果是在不加任何人力改變的狀態時，所得到的結果。如果心態或行動改變了，就可以改變結果。所以塔羅牌並不是宿命的占卜，而是要引導人們改造自己的命運。塔羅牌讓我們偷窺未來的命運，如果不喜歡，隨時可以改變它！不要讓自己陷入宿命的泥沼中。

還有人覺得塔羅牌很邪，因為它太準了，因而產生許多荒唐的「牌精説」、「養牌説」、「開牌説」、「牌有個性説」，其實都是不必要的庸人自擾。就像易經卜卦很準，測字很準，米卦很準，也沒有人會認為這其中有精靈鬼怪存在，而塔羅牌只是七十八張美麗的紙牌，它本身不具有任何神秘的能量，之所以會準，是源自於使用

人的潛意識寶庫。所以，真正神奇的是人，不是牌。這些迷信如果持續流傳，無形中也讓塔羅牌被社會大眾用異樣眼光看待，實非塔羅愛好者之幸。

使用塔羅牌占卜，建立健康而正確的心態是第一要務。接下來才是跟每張牌混熟，理解牌義，然後就可以實際上場演練，累積經驗。在不斷接觸塔羅牌的過程中，你也可以從中獲得智慧，並且開發直覺力，一生受用無窮。

除了一般人最有興趣的預測未來之外，也別忘了利用塔羅牌來進化心靈，你可以用它來檢視自己的身心靈狀態，或是選出一張你最有需要的牌來進行靜心冥想，你將會發現，只用塔羅牌來占卜，恐怕有點暴殄天物了。

葵花錦囊

塔羅占卜四式
第一式　建立健康而正確的心態。
第二式　建立與牌的關係，理解牌義。
第三式　上場演練，累積經驗。
第四式　預測未來，進化心靈。

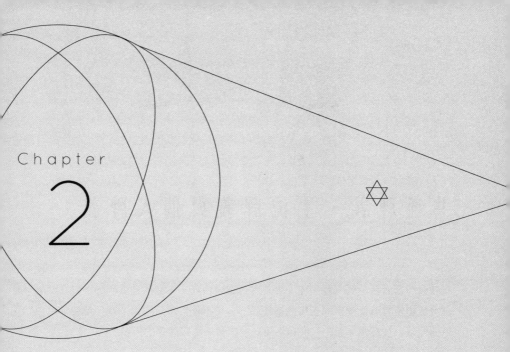

牌義的———
基本概念

塔羅初學者第一個遇到的瓶頸,往往是
記不起牌義,一味的死背,卻不懂靈活
運用。在這個章節中,向日葵將帶領讀
者探索學習牌義的組成成份,以及學習
上不可不知的基本概念。

1

共通牌義、主流牌義與個人牌義

有時候學習者會遇到一種困擾，發現牌義眾說紛紜，不知該聽誰的好？塔羅牌難道沒有一個固定而正確的牌義嗎？難道不能照本宣科嗎？為了解決這個問題，在這個單元中，向日葵要為大家釐清塔羅牌義的內涵。

塔羅牌的牌義不是規定的，更不是設計者認為他的牌義是什麼就是什麼。牌義是奠基於人類的生活經驗，而匯聚出來的。有一些大家都認同的原則，牢不可破；有些部份卻因理解角度不同，而產生變化。下面這張圖可以說明每張牌的牌義組成成份。

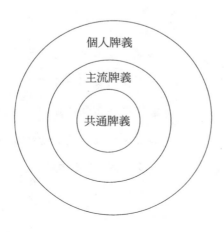

個人牌義

主流牌義

共通牌義

◎共通牌義

在核心部份稱為「共通牌義」，是每張牌的中心題旨。共通牌義指的是，無論什麼版本、什麼系統、文化與國籍，每張牌都具有一個世界共通的核心意義，走到哪裡都不會改變。共通牌義是塔羅學習者賴以溝通的語言。

例如，皇后指的是「母親」的原型，隱士指的是「智慧老人」的原型，在不同種族與文化中，一定都存在這樣的形象，而牌義也是緊扣這樣的中心題旨來推演。世界上不可能有人將皇后牌視為父親，將隱士牌視為小孩，即使有，他也絕對無法跟其他塔羅玩家溝通。

◎主流牌義

在中間的部份稱為「主流牌義」，是大多數人所採用的牌義，也是書本上會教你的牌義。然而，不同版本的塔羅牌之間，由於圖像不同，設計者的構思不同，所以會產生些微的差異。以偉特牌和可諾麗牌的愚人為例，偉特的愚人前方是懸崖，可諾麗則是十字路口，因為懸崖和十字路口意象的差異，牌義因而產生些許分歧，但是對占卜結果的影響不大，兩者都屬於主流牌義。再者，同一版本同一張牌的主流牌義，也可能因使用者的理解不同而分歧。

在偉特版本中，錢幣二就是一個例子。有人將錢幣二的人物看作街頭藝人，所以牌義與娛樂和彈性相關；有人著重錢幣二的不穩定 ，所以代表波動與糾紛；還有人重視錢幣二左右搖擺的特質，認為與選擇有關；更有人兼而有之。讀者可能看了甲書、乙書和丙書，發現三本書的錢幣二牌義都略有出入，因而感到困惑。事實上，以上這些解讀都對，也都有人使用，所以都算是主流牌義之一，只是個人解讀角度不同罷了。

◎個人牌義

圓形最外圍的稱為「個人牌義」。塔羅牌最讓人感到興奮的一點，就是它具有強烈的個人風格。就像電腦玩家可以盡情佈置個人化的桌面，塔羅牌

也會隨者使用者的習慣，而呈現不同的風貌。這樣的特質也反映在牌義上。塔羅玩久了，使用者經常會發展出自己專屬的牌義。

例如，陳某每次為班上同學占卜時，出現寶劍皇后，都代表特定一位張姓女同學，久而久之，寶劍皇后等於張姓女同學，就成為陳某的個人牌義。

又例如，李某使用他的俄羅斯塔羅牌，每次看到錢幣四，都覺得牌中人物很像小偷，如此一來，錢幣四等於小偷就成為李某的個人牌義。值得注意的是，個人牌義只適用於個人，可以自占自解，或是為他人占自己解，若是請別人來解就行不通了。

這樣的圖解釋了為什麼牌義有這麼多版本。不過，讀者可能又產生新的問題：如此一來，每個人算的牌，不是就不能請別人代解了嗎？許多人自己占算之後，又請朋友代解給意見，還有更多人選擇上網請素未謀面的網友代解，這樣行得通嗎？是，也不是。因為我們擁有共通牌義和主流牌義，所以請人代解的結果多半八九不離十。但是，如果你的個人牌義太多太鮮明，那麼請人代解就會產生隔靴搔癢的現象，甚至牛頭不對馬嘴，這是必須注意的地方。

由此可知，在占卜時，最珍貴的就是翻開牌那一刻的第一訊息。如果真的一頭霧水，必須請人代解的話，也最好找跟你同看一本書或跟同一位老師學習的人，唯有這樣，兩人腦中的「牌義庫」內容相似，解出來的內容才不會天差地遠。

再舉一個例子，如果你請了甲幫你占算，事後又拿去請乙解牌，甲乙兩人的解讀若相差很大，仍應以甲為準，因為在占卜當時，塔羅牌是以甲的「牌義庫」來呈現的。

如何快速記憶牌義

不要聽信這個標題，塔羅牌牌義是不能快速記憶的，但是可以聯想推演。
塔羅牌就像會說故事的圖畫，你看到圖畫自然會想起故事，看得越細，回
憶的就越多，一味死背只會事倍功半。

當你買到一副塔羅牌，通常會拿到一本寫有牌義的小冊子，但是冊子裡並
不會告訴你為什麼這張牌會有這個牌義，所以你會感到很困擾，都記不起
來，該怎麼辦？這時候，請把小冊子放到一旁，因為要學會牌義，還有更
多更好的方法。

◎參考書籍或網站
較為詳細的塔羅書籍或網站中，通常會有塔羅牌義的深入講解。你首先要
找的是會告訴你這個牌義如何推演而來的資訊。你可以從中獲得很多主流
牌義的資料，看看別人是怎麼看待這些牌的。你在這裡找到你可以接受並
贊同的牌義，如果有看不懂或想不透的牌義，就不必理會，更不需強記。

最後，有一點必須謹記在心，就是這些牌義是作者以他自己的角度來詮釋
的，他的詮釋法可以啟發你，幫助你更了解牌義，但是你不必全盤接受，
只要接受能夠引起你共鳴的就好了。

◎牌面推理法

每個人多少都有看圖說故事的本領。請你拿出一張牌，仔細研究其中的奧妙。牌中人物的姿態、表情、衣著、動作，給了你什麼感覺？圖面的背景給你什麼感受？他身旁有什麼事物？試著說出你的感覺，甚至編一個故事，把它記錄下來，這就是你的牌義，而且你會對它滾瓜爛熟。

這個方法可以在拿到牌之後，不要參考任何資料，立刻做！做完之後再行對照書籍或網站上的主流牌義，看看有什麼不同。你才決定，到底是你有道理，還是主流牌義有道理，或者想要兼容並蓄也可以。

◎深入冥想法

這是更進階的學習牌義法，需要很豐富的想像力，建議在對牌義有初步認識之後練習。如果你沒有什麼想像力，則這個方法也可以協助你開發直覺與想像力。你拿出一張牌，仔細看圖像，將它烙印在腦海中，然後閉上眼睛，將自己完全融入圖像中。

以權杖九為例，想像你是圖中的這個男人，你的頭和手臂包紮繃帶，感覺如何？你穿著靴子，肩膀聳起，東張西望地等待敵人，有什麼感受？後面那些聳立的權杖給你安全感還是對立感？你感到孤獨、緊張、害怕、警覺、無聊還是憤怒呢？如果你想說話，你會說什麼？

再進一步，想像你是別人，你看到這個男人，他給你什麼感覺？你覺得他的感情狀態如何？他的工作態度如何？他的性格如何？他是否害怕還是壓抑？如果你想對他說話，你會說什麼？他會回答你什麼？是跟你傾訴苦悶，還是拿杖把你趕跑？

在這個練習中，你會得到更細微的牌義，而且你會與牌融合，達到人牌合一的境界。做完這個練習之後，建議將心得記錄下來，這會是很珍貴的個人牌義記錄。

◎比較法

在對牌義已經有基礎的掌握之後，也可以運用比較法來深入理解牌義。冥想法是右腦直覺的活動，比較法則是左腦理性的分析。請先拿出任兩張明顯相似或相反的牌，例如戀人和惡魔，兩張牌的構圖相似，意義卻強烈對比。戀人是上天的祝福，純潔的愛情，惡魔則是上天的詛咒，慾望的沉淪。兩牌之間還有更多有趣的對照，請一一找出來。

進步之後，可以嘗試找任兩張看似八竿子打不著的牌。例如愚人和星星，他們有什麼相似處？有什麼相異處？還是有什麼前後因果關係？

比較法可以幫助你大幅增進占卜的敏感度，你將可以很快找出牌陣中互相呼應或者矛盾的牌，它們都會透露問題的答案。

◎結合法

除了比較兩牌之間的相同和相異處之外，更進階的方法是練習「兩牌合一」甚或「多牌合一」。塔羅占卜的無上心法就是要有將兩張牌或多張牌視為一張牌的能力，如此一來你才可以把整個牌陣中的牌，結合成一個完整的故事。我們可以透過這個方法來練習。

首先，請先拿出任兩張牌，試著將它們的意義結合在一起，編出一個故事。例如愚人和吊人，看起來沒什麼關聯，但是發揮想像力之後，你可以把這兩張牌看作一個愚人特質的人，處在吊人的環境中。實際的例子像是一個狂放不羈的年輕人，被環境限制住，不能動彈，此時他應該感到很痛苦，拼命想掙扎。再舉一個例子，假設我們對照聖杯五和權杖十，我們可以猜想這是一個剛失戀的人，又必須回到工作崗位上，面對很大的壓力。也可以想像這個人是因為工作負荷過大，所以在感情上一直沒有依歸。

在有一定的基礎之後，可以進階練習結合三張牌或多張牌。假設你拿聖杯國王、錢幣二和寶劍國王，你可以說這是一個聖杯國王特質的人，遇到錢

幣二財務上的抉擇困難，因而去尋求寶劍國王這位專業人士的幫助。請盡情發揮想像力，編織你的塔羅故事。

◎練習再練習

無論讀了多少書，記了多少牌義，最後都必須走上戰場。一開始可以先為自己占卜來練習，再來可以為相熟的親朋好友占卜兼練習。在練習中，你會得到更多實際的心得，也會遇到更多的問題，在解決問題的過程中，你才能更上一層樓。

3

逆 位 解 讀 九 式

如果我們將塔羅牌用搓麻將的方式洗牌，則出現在牌陣中的牌，有些是正立的，有些會是上下顛倒的，我們稱上下顛倒的情況為「逆位」。

牌義的掌握是初學者遇到的第一個困擾，逆位的解讀通常是第二個麻煩，很多人一看到逆位牌就放棄了。事實上，逆位牌只是正位意義的變化和補充，不是非要不可。因此，在對牌義掌握尚未精熟的階段，不建議初學者使用。請初學者全部用正位來解，等到對牌義都熟悉了，再挑戰逆位。

正逆位的意義變化比較明顯的是大阿爾克納與宮廷牌，小阿爾克納正逆位差異較不明顯。逆位時，那張牌原本的主要涵義與啟示仍然存在，不會因為它是逆位就變成另一張完全不同的牌。

逆位的解讀沒有公式可言，不過可以統整出一些大原則。大體而言，逆位是正位的能量被阻塞的情況，無法自由表達那張牌的能量。在占卜上的解讀有下列九種可能：

◎被壓抑或否認的情緒

逆位的牌可能表示當事人不願承認、接受，或是極力壓抑的心理狀態。例如，死神逆位常表示當事人正經歷一個痛苦的結束，但他仍不願接受事實；審判逆位可能是當事人拒絕接受某種「召喚」。

◎內在或隱性的潛能

此說取自Gail Fairfield的《Choice-Centered Tarot》一書。它可以表示當事人隱藏的性格面，而外人通常看不出來，若程度更強的話，連本人都不會發現。例如聖杯騎士逆位，可能代表當事人有很浪漫、滿懷理想的感性面，可是別人都不這麼認為，甚至連當事人自己都沒有發現。塔羅牌指出這個潛能，我們可以選擇將隱性轉為顯性（將逆位轉正），將潛能發揮出來。這個解釋較為冷門，很少使用。

◎減弱或增強

逆位有時意義與正位相同，不過附加了減弱或增強的訊息。例如，愚人逆位可能增強或減弱它的漂泊不定性質；太陽逆位仍然是一張好牌，只是減輕好的程度；塔逆位會減輕驟變與痛苦的程度；寶劍三也可能減輕悲傷的程度。

◎過度或不足

「過度或不足」與「減弱或增強」有點類似，但是程度更嚴重。「減弱或增強」可以忽略，但「過度或不足」是「太多」或「太少」，是會構成困擾的。例如，聖杯三描述一個歡欣慶祝的狀況，如果過度呢？就樂極生悲了。

◎時間點的差異

這一項主要探討正逆位在時間點上的差異。正位通常表示正在運作中，顯而易見的情況；逆位牌則可能表示「才剛開始」、「快要結束」或者「延遲」。例如，逆位的聖杯九仍然可以表示願望達成，但比預估的稍晚；權杖十逆位有時表示即將放下負擔；靜態等待的小牌，例如聖杯四、寶劍四、錢幣七、聖杯七、寶劍八等，通常表示即將離開等待的狀況，開始採取行動。

◎濫用或誤用

如同字面上的意思，逆位牌也可能代表「不恰當的使用」。例如，皇帝逆位或力量逆位可能是權力濫用；魔術師逆位表示將聰明才智或技能用在錯誤的地方；錢幣六逆位可能表示亂花錢，或是不恰當的施捨與寬容。這個解釋通常只會出現在特定幾張牌上。

◎相反義

直接在原牌義前面加一個「不」字就可得出它的相反義。不過，將逆位牌解成相反義的情況其實很少，在使用時應注意。例如力量牌正位時代表勇敢自信，逆位時可能表示不勇敢不自信；權杖六變得不成功。

◎牌面演繹

我們可以將牌的圖像當成一幅畫，看看它顛倒過來後，與正常狀態下有何不同。例如，吊人有一個意義是「不同角度的智慧」，但若顛倒過來看，他就不再是倒吊著的，因此會喪失「不同角度的智慧」牌義；塔逆位時，雷從下方劈上來，表示這個驟變可能是來自當事人的內心。聖杯牌組裡的杯子代表感情，如果顛倒過來，杯子將全數傾倒，因此聖杯牌逆位通常不若正位的好；寶劍三的劍尖朝向自己，如果逆位，就會朝向對方，所以可能是代表對方遭受傷害；權杖七原本從有利的位置應戰，逆位時就變成站在不利的位置了；錢幣四的財主想緊緊抓住錢幣，逆位時，錢幣就掉了。

◎前位法

因為塔羅牌有前後連貫的關係，所以逆位牌可能表示當事人沒有解決上一張牌的課題，但這個解釋較不適用於小牌。舉例說明，太陽牌逆位，可能是由於尚未在月亮牌中學到放下恐懼、識破幻象，因此太陽的成功才被烏雲籠罩了。

以上九點只是通用的大原則。逆位牌義本無固定的解釋，以上九大原則可以在解牌時試著一一套用，但是，更完善的解法，還需仰賴經驗與直覺，這都需要時間來培養。

葵花錦囊

宮廷牌的逆位詮釋

對於宮廷牌的逆位，通常會採用「過度或不足」的方向來解釋。每個宮廷牌人物都有特定的性格，同樣的特質表現適當則好，過度或不足則壞。比方說錢幣騎士勤奮工作，逆位時，勤奮可能演變成工作狂，或是整天閒混不努力。權杖國王積極領導，逆位時，過度則成暴君，不足則成懦弱的君王。幾乎所有的宮廷牌都可以如此解釋，正位的宮廷牌通常呈現該牌組表現適當的特質，逆位的宮廷牌則因為過度或不足，而呈現負面的特質。

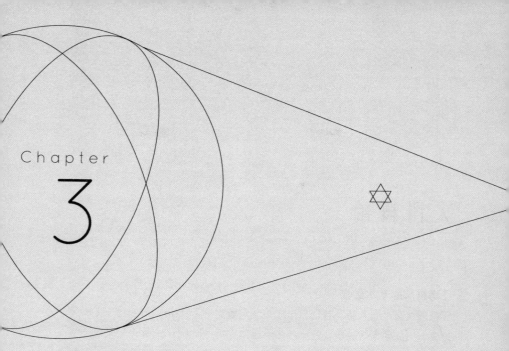

Chapter

3

塔羅牌——
的結構

1

入門概論

◎塔羅牌的基本架構

塔羅牌共有七十八張，包括二十二張大阿爾克納（Major arcana，又稱大
祕儀），簡稱大牌，以及五十六張小阿爾克納（Minor arcana，又稱小秘
儀），簡稱小牌。小牌又細分為權杖、聖杯、寶劍、錢幣四個牌組，每個
牌組各有十張數字牌和四張宮廷牌。

如同易經以六十四卦來表現世間萬事萬物，塔羅牌則用這七十八張牌表達
一切。易經的六十四卦還可以變化出更多複雜的型態，以得到更精微的訊
息，塔羅牌也運用逆位和牌陣來達到此一目的。

這七十八張塔羅牌有近乎完美的結構。在學習時，先提綱挈領認識塔羅牌
的整體架構，會比漫無章法地學習輕鬆許多。

◎大牌vs.小牌

大牌與小牌中的四個牌組，總共形成五個要素。權杖、聖杯、寶劍、錢幣
四個牌組分別與火、水、風、土四要素對應，而大牌代表第五個要素，也
就是「精神」。在占卜中，這五個種類的牌代表不同層面的意義。大牌表
現的是抽象的精神層面，小牌則將大牌落實成為日常生活的事件，所以通
常初學者會感到小牌比較具體，容易學習，而充滿各式象徵符號的大牌，
牌義繁多而複雜，往往使人感到漫無頭緒。

其實大牌就像是一個寓言故事，講述愚人的靈性成長旅程。如果用心理學家榮格的角度來看，則二十二張大牌就是他所謂的「原型」（archetype），原型是存在人類集體潛意識中的共通意象，宇宙萬物都可以囊括在這二十二張牌所代表的原型之內。而這二十二張大牌就是運用色彩與象徵，將抽象的原型具象化。因此，大牌的圖像充滿各種象徵符號，牌義繁雜多元，並不令人意外。反而是區區二十二張牌就能囊括宇宙，才令人感到震驚。

大牌表現抽象的精神層面，是一種理想化的形象，不可能真正出現在生活中。但是，如果反過來看，生活中所出現的各種事件或人物，都可以找到一張大牌相對應。舉例來說，我們每個人心目中都有一個理想的「美女」形象，在生活中也許可以看到很多稱得上是「美女」的人，但是她們多少會有一點小瑕疵，因此，我們永遠無法在這個物質世界中，找到百分之百符合這「美女」原型的人。

相對於大牌，小牌就具體多了。小牌是真正會發生在日常生活中的具體事件。因為是日常生活的小事件，所以當事人比較有能力控制，也比較不會有長期的深遠影響。大牌則表達更高層次的精神層面，可能是當事人內心的變化，或是命運中無法控制的部份，可能撼動當事人的整個信仰與價值觀，影響較為長期也深遠，因而解牌時也較易使人感到抽象難解。

以下的簡表提供大牌和小牌的差異，以及小牌的四個牌組所表現的生活面向。

類別	意義
大牌	抽象的精神層面，當事人無法控制的部份，長期，影響深遠。
小牌	具體的事件，當事人可以控制的部份，短期，影響較小。
權杖牌組	行動與創造。
聖杯牌組	人際與情感。
寶劍牌組	傷害與思考。
錢幣牌組	物質與享受。

除了大牌和小牌四個牌組的分類以外，在這五個類別之中，又有更精密複雜的秩序，遠超過你的想像。在接下來的章節中，我們會進入更深的核心，來解構神秘的塔羅牌。

大牌的結構—愚人之旅

◎一階愚人之旅

大牌從編號0的愚人到編號21的世界，以愚人的人生旅程為劇本，達成完美的一周天。

我們可以將大牌視為愚人的冒險寓言故事。在愚人牌中，宛如新生兒般的愚人踏上未知的旅程，他在魔術師牌中學會理解外在世界，在女祭司牌理解內在靈魂。皇后是帶給他溫暖呵護的母親，皇帝是理性領導他的父親，教宗則提供道德教育和學校教育。然後他在戀人牌中初嚐愛情滋味。在戰車牌中首次離鄉背井，學會陽性的競爭。在力量牌學會克服內在恐懼，進一步以柔克剛。在隱士牌中品嚐孤獨，追尋智慧，體驗高處不勝寒的感覺。命運之輪讓他體驗人生起落。

正義牌教他理性抉擇，做出完美的決定。在吊人牌中，他了解有時候必須犧牲某些事物，才能獲得心靈成長。死神更進一步要他懂得徹底放手。在節制牌中，他得到適應力，學會調整與妥協。惡魔讓他學習克服物質慾望。接著他在塔中經歷遽變後，星星帶領他接觸潛意識，重燃信心與希望。他在月亮牌中與恐懼奮戰，進而識破幻象。在太陽牌體驗全方位的成功與快樂。審判的號角響起，他接受內心的召喚，了解因果的運作。最後他在世界中完成旅程，達到最終的成功。

◎二階愚人之旅

大牌不只具有以上所述的線性關聯，還有兩層的上下關聯。如果我們將1
到10號牌由左至右排成一列，再把11到20號牌同樣排列在其下方，則會
得到以下的兩列牌陣形。上面的牌編號加上十，就會得到下面的牌，因此
在靈數學上，它們是互相關聯的。

第一排的魔術師和正義顯示力量的完全開展和理性使用，第二排女祭司和
吊人透露靜默無為的真諦，第三排皇后和死神表示生命的開展與結束，第
四排皇帝和節制產生威權統治和和平妥協的對比，第五排教宗與惡魔分別
代表靈性提升與物慾沉淪，第六排戀人和塔分別象徵上天的祝福與懲罰，
第七排戰車和星星顯示外在勝利與內在寧靜的對照，第八排力量和月亮教
導我們克服內心的負面情緒，第九排隱士與太陽象徵靈性的追尋與勝利，
最後一排則是人類與宿命的關聯。

而愚人和世界分別代表人生旅程的開始與完成。當然這其中還有更多細微
的對照，值得學習者去體會探究，在下一章的逐牌解析中，也會有更詳細
的說明。

1 魔術師　2 女祭司　3 皇后　4 皇帝　5 教宗　6 戀人　7 戰車　8 力量　9 隱士　10 命運之

11 正義　12 吊人　13 死神　14 節制　15 惡魔　16 塔　17 星星　18 月亮　19 太陽　20 審判

◎三階愚人之旅

大牌的三層關聯也是塔羅研究者經常談論的有趣課題。如果把1到21號牌排成每列七張的陣形，我們可以得到更複雜的大牌內部關聯。

第一列講的是顯意識，第二列代表潛意識，第三列則表示超意識。從身心靈角度來說，第一列就代表身，第二列是心，第三列是靈。

七是個有趣的數字。中華民族喜歡講七仙女、印度人講七個脈輪、西洋古典占星學有七顆行星、就連一星期都有七天，這個數字讓三層陣形顯得如此完美。

在塔羅大牌中的前七張代表顯意識和「身」的部分，表現世俗的一面，特別與日常生活和社會相關，愚人在這七張牌內經驗與他人的關係，包括自己的男性面和女性面、父母、師長、情人，而在七號戰車牌經驗與同儕的競爭，想要得勝。世上大部分的人都在這七張牌中打滾，直到終老。

第二層的潛意識層面使愚人朝向內省，獲得自覺，進入到「心」的層面，也就是內心的思考與想法。愚人在8到14號牌中，先在力量牌中逐漸發現外在的剛強不如內在的堅韌，於是轉而向內探求智慧。他會在命運之輪中體驗內心的轉折，在正義牌思考何謂真正的公平。他成為吊人時，不理會外的折磨，而獲得靈性的光輝。在死神牌中他經歷徹底的轉化與重生，最後在節制達到這一個階段的圓熟，此時，他已經懂得中庸之道，處事圓融。

1 魔術師　2 女祭司　3 皇后　4 皇帝　5 教宗　6 戀人　7 戰車

8 力量　9 隱士　10 命運之輪　11 正義　12 吊人　13 死神　14 節制

15 惡魔　16 塔　17 星星　18 月亮　19 太陽　20 審判　21 世界

第三層的意義顯得最為隱晦，這是屬於「靈」的一列，是通往開悟的必經之路。大多數的人都能夠覺知自己的日常作息與身體狀況，以及自己心中的想法。情況好時，心裡想什麼，能夠身體力行。情況不好時，就會產生身心的衝突，譬如心裡想要努力工作，但就是不由自主的打瞌睡。但是，很多人不知道「靈魂」也會與身心產生交互作用，只是很少人能夠察覺自己靈魂的想法。第三列正是呈現這深埋的超意識。在靈性的層面上，愚人必須看破物質幻象，獲得天啟，與潛意識溝通，與夢境共舞，在太陽獲得靈性成功之後，還得在審判中再度進入黑暗，再生之後，方能獲得全面的身心靈整合。

這三層的陣形除了左右關聯之外，上下也互相對應。第一排顯示魔術師主動展現力量，力量牌用更高明的手法掌控力量，中間的獅子則連接魔術師與惡魔，表示如果無法控制內心的慾望，就會導致權力濫用，沉淪在物質幻象中。第二排是女祭司代表隱藏的智慧，隱士進一步登上高峰展現智慧之光，塔則是人力建造的登天建築，一方面顯示智慧誤用將受上天懲罰的下場，一方面又代表天啟與開悟。第三排的皇后從表面的歡樂豐足，經過命運之輪，轉變到內心的祥和寧靜。第四排顯示皇帝從高壓統治，到正義公平公正的治理方式，而他的課題在於如何運用象徵清晰的寶劍來破除月亮中偽裝的假象。第五排教宗是擁有群眾的宗教領袖，吊人是孤獨的殉道者，他頭部發出的光芒在太陽牌中無限擴大，達到太陽牌的靈性成功。第六排的戀人中，亞當夏娃代表人類的起源，他們的生命在死神中結束，在審判中接受上天的審判，並且重生。最後一排的戰車從強勢的征服者角色，到節制的柔性協調溝通，最後達成世界牌的圓熟，悠遊在宇宙之中。

以正義為中心的九張牌也有特殊的意義。在這九張牌中，我們可以在第一層發現母親、父親、師長或自然、社會、教育的對應，兒童在母親懷抱中自然成長，但經過社會洗禮，進入學校接受啟蒙，此時他就失去了原有的自然。在第二層，從命運之輪到吊人，我們看到外在的改變轉入內心的恆定，中間則是均衡持中的正義。在第三層，由星星的潛意識進展到太陽的顯意識，由內在轉到外在，中間則是充滿恐懼不安的月亮，也許說明這轉變像蝴蝶破繭一般，並不容易。

經過以上的說明，讀者應該不難發現塔羅牌的設計博大精深。即使是多年的塔羅研究者，也不見得能通透這其中蘊含的奧妙。學習者可以時時將大牌拿出來排列成兩層或三層結構，仔細研究多張牌之間的對應關係。你看得越多，見解就越深，收穫就越大。

小牌的結構
———— 四個牌組和陰陽理論

如同電腦用1和0兩個數字來創造無限，塔羅牌也可分為陰陽，這是最初步的分類。易經中的太極生兩儀觀念，應用到塔羅牌，我們就可以將小牌的四個牌組分成兩類，亦即陽性牌組與陰性牌組。

◎陽性牌組－權杖和寶劍

權杖和寶劍都是長形的，像數字 1，是陽性的象徵。陽性牌組像太陽一般，具有熱、擴展、外向、男性、陽剛、主動、積極、白天的特質。由於權杖著重外在行動，寶劍傾向心智活動，因此我們又可以把權杖分為陽中之陽，寶劍是陽中之陰。

◎陰性牌組－聖杯和錢幣

聖杯和錢幣都是圓形的，像數字 0，是陰性的象徵。陰性牌組像月亮一般，具有冷、收縮、內向、女性、溫柔、被動、消極、夜晚的特質。由於聖杯牌組偏向心靈層面，而錢幣牌組偏向外在物質，所以可以進一步把聖杯區分為陰中之陰，錢幣是陰中之陽。

所以我們可以得出以下的結論：

次分類 ＼ 主分類	陽	陰
陽	權杖	錢幣
陰	寶劍	聖杯

────四個牌組與四要素

小牌分為四個牌組，與西方神秘學中的火土風水四要素相對應。這四要素類似我們說的金木水火土五行，是構成事物的最基本要素，換言之，任何事物都可以用四要素的概念來呈現，這也說明了為什麼區區數十張牌就能夠道盡人間故事。

◎權杖牌組－熱情如火

權杖牌組對應火要素，與行動和創造有關。火象星座包括牡羊座、獅子座和射手座。有句成語叫「熱情如火」，說明火要素的外向特質。權杖牌組通常表現生活中的行動面，代表主動、活力、熱情、渴望、直觀、積極、創造、樂觀、冒險、奮鬥、企業、開疆闢土。

要特別注意的是，權杖牌組的「直觀」不同於聖杯牌組的「直覺」。直觀是一種強烈的「我就是知道」的感覺，而直覺比較像是一種不確定的念頭。因此，權杖牌組的人依直觀和本能行事，行動大膽積極，天不怕地不怕，有時會給人衝動或自我中心的印象，可能有點三分鐘熱度。

◎聖杯牌組－柔情似水

聖杯牌組對應水要素，與情感和直覺有關。水象星座包括雙魚座、巨蟹座和天蠍座。成語有云「柔情似水」，正好說明聖杯牌組的感性特質。聖杯牌組通常反映生活中的人際關係，代表愛、情感、情緒、敏感、體貼、和諧、悲天憫人、同理心、友誼、人際關係、內向、靜默、夢境、幻想、直覺。聖杯牌組的人依直覺和情感行事，喜歡關懷他人，重視人際關係，開口常說「我總覺得……」、「我有個感覺……」，缺點是多愁善感，感情用事。

◎寶劍牌組－劍氣逼人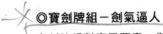

寶劍牌組對應風要素，與衝突和問題有關。風象星座包括水瓶座、雙子座和天秤座。武俠小說中常描述「劍氣逼人」，說明寶劍牌組的殺傷力之強，寶劍牌多半是灰暗多雲的背景，暗示寶劍混亂的氣氛。

寶劍牌組通常呈現生活中的衝突與傷害，傳統上代表問題、麻煩、悲傷、憤怒、負面情緒，但由於它與風要素相關，所以也代表思考、心智活動、智力、智慧。寶劍牌組的人理智過人，判斷力精確，組織力強，臨事冷靜，但由於缺乏情感，給人冷漠的印象。

◎錢幣牌組－腳踏實地

錢幣牌組對應土要素，與物質和享樂有關。土象星座包括金牛座、處女座和魔羯座。我們喜歡「腳踏實地」的人，這樣的人通常草根性比較強。錢幣牌組反映外在的物質面，代表金錢、大自然、穩定、安全感、健康、家庭、遺產、日常生活、工作、交易、花錢享樂。

有一點初學者容易混淆的是，怎麼錢幣跟金錢和工作有關，權杖又跟經營企業有關？其實錢幣傾向表現日常生活的工作與交易，而權杖則表現企業的擴張壯大。錢幣牌組的人重視物質生活，勤奮工作，不投機取巧，也懂得享樂，缺點是可能過於固執或貪婪。

在這四個牌組當中，又可分為十張數字牌和四張宮廷牌。數字牌表現日常生活的十個面向，宮廷牌則代表某個人物、性格，在少數情況下可能表示某個事件。數字牌和宮廷牌之內也有規律的結構，在下面的章節中將會詳細說明。

——— 數字牌的結構

每個牌組的數字牌編號由1到10，顯然與靈數學有很大的關聯。塔羅牌的四個牌組將日常生活分為四個層面，而牌組中的數字牌又把這四個層面再細分為十個面向來表現。

◎1是開始與根源

權杖一是行動與創意的
開端，聖杯一是人際關
係與直覺的開端，寶劍
一是心智活動和挑戰的
開端，錢幣一是將想法

物質化的開端。四張一都提供一種新機會，像種子一樣，潛力無限。當事人在這裡面對的課題，是要分辨出這是好種子還是壞種子，以及他能不能好好把握。

◎2是結合與對立

權杖二是兩種選擇之間
的考慮，聖杯二是人際
關係的結合，寶劍二
是兩股勢力的對立和膠
著，錢幣二是兩股勢力

間的擺盪。所有的二都有兩股力量存在，結合良好可以收到一加一大於二的效果，結合不好則會產生對立和僵滯的狀態。

◎3是合作與初步成果

權杖三是貿易的合作和
初步成果，聖杯三是人
際關係的合作與初步成
果，寶劍三中的三把寶
劍合力達到傷害上的初

步成果，錢幣三是工作上的合作和初步成果。所有的三都代表該牌組特質
的初步成果，貿易行動開始啟航，人際關係和諧圓融，工作方面合作愉
快，即使是代表傷害的寶劍牌組，也在三號牌中達到初步的傷害力，讓人
徹底悲傷。

◎4是穩定與秩序

權杖四是事業穩定之後
的慶祝，聖杯四抽離情
感而進入冥思，寶劍四
在混亂中找到庇護所保
持寧定，錢幣四在財務

上穩如泰山。所有的四都在三的初步達成之後，保持一定的恆定狀態，但
難免容易陷入狹窄和限制之中，感到不滿足。

◎5是衝突與失落

權杖五是行動上的衝
突，聖杯五是感情上的
失落，寶劍五是帶來傷
害的衝突，錢幣五則是
財務上的失落。四的穩

定終於陷入死胡同，而在五中瓦解。

◎6是分享和妥協

權杖六與眾人分享榮耀，聖杯六給予情感上的餽贈，寶劍六對傷害妥協逐漸復原，錢幣六則大方分享金錢。六這個數字是一加二加三，在一至三號牌達到初步圓滿之後，便要與眾人分享。缺失是容易流於極端，使成功變成驕傲，餽贈變成施捨。

◎7是內省與奮鬥

權杖七是為了得勝而奮戰，聖杯七陷入夢境中內省，寶劍七在艱困中奮鬥，錢幣七則在略有小成之後內省。內省與奮鬥乍看之下是迥異的概念，但它們的共同目的都是為了突破障礙以進化。屬於陰性的聖杯和錢幣努力向內反省，以求進步，陽性的權杖和寶劍則在重重困難中奮鬥，以獲得勝利。聖杯和錢幣此時要面對的挑戰是不可逃避現實，權杖和寶劍則可能流於過度自信。

◎8是重新評估與行動

權杖八在行動上迅捷無比，聖杯八在情感上重新評估後採取行動，寶劍八面對行動上的限制，需要重新評估狀況才能脫離，錢幣八則在工作中孜孜不倦。聖杯和寶劍的困難是可能無法當機立斷，權杖和錢幣則可能在無止盡的行動後，卻得不到結論。

◎9是成果與獨處

權杖九必須獨自渡過難關，聖杯九在情感上獨享歡樂，寶劍九在夜半獨自承受痛苦，錢幣九在花園中獨享財富。所

有的九都達到該牌組的飽滿程度，但卻流於孤獨。

◎10是完成與轉化

權杖十是行動負擔太大，需要放手與轉化，聖杯十是情感與人際的完美結果，寶劍十是傷害的最終完成並轉化成

希望，錢幣十是財富的最終完成，也隱含過度追求物質，需要轉化。所有的十都可能隱藏表現過度而帶來的危機。

——— 宮廷牌的結構

每個牌組的宮廷牌各有四個人物，以偉特牌為例，就是國王、王后、騎士和侍者。某些版本的塔羅牌則是騎士、王后、王子和公主，或是父親、母親、兒子和女兒。

我們可以將四個牌組中的宮廷牌，視為四個遺傳特質不同的家族，家中有父親、母親、哥哥、妹妹四個成員。權杖家族的人都熱情豪放，聖杯家族的人都敏感浪漫，寶劍家族的人都尖銳理智，錢幣家族的人都勤奮踏實。而且，同樣的特質，在不同成員身上，又產生各種化學變化。

◎國王是成熟的男性

國王是領導者，已經精通該牌組特質，以陽性的方式表現出來。他擁有成就、權力和地位，必須負擔社會責任，是穩定的力量。通常代表父親、長輩、老闆、專業人士等權威角色。也可以代表某個女人性格上的陽剛面。歐美的主流通常將國王對應到火要素，取其陽性外向的涵義。也有人將其對應到土要素，取其穩定之意。

◎王后是成熟的女性

王后是照顧者和撫育者，喜歡分享與照顧他人，展現該牌組的陰性溫柔的一面。相對於國王偏重世俗控制的一面，王后較重視心靈和內在，也可以代表某個男人性格上的陰柔面。王后對應到水要素，取其陰性內向的涵義，是最溫柔的女性力量。

◎騎士是不成熟的
年輕人

騎士展現該牌組的不成
熟與過度特質，將該牌
組的精力完全展露無
遺。騎士是獨立的行動

派，投注精力在某個焦點上，有理想，有勇氣，敢冒險，充滿浪漫情懷。
不過，年輕人的缺點是難免有些急躁、莽撞、自我中心。另外，騎士駕著
馬兒奔跑，也可以代表旅行。歐美主流將騎士對應到風，取其敏捷不穩定
之意。也有人將其對應到火，取其衝動外放之意。

◎侍者是小孩

小孩都很純真善良。他
們共同的特質就是喜歡
學習與探索世界，富有
好奇心。他們對外界的
訊息全然開放，認真傾

聽這個世界，把握任何機會。侍者通常代表小孩，或成人心中天真的一
面，也代表學習、探索、訊息、機會。歐美主流將侍者對應到土要素，取
其原始之意。也有人將其對應到風，取訊息之意。

在占卜中，用最粗略的方式來區分，通常國王是四十歲以上的男人，王后
是四十歲以上的女人，騎士是青年男女，侍者是少年或小孩。然而，這樣
的定義經常出差錯。也有人用星座來定義宮廷牌，認為權杖宮廷牌一定代
表火象星座的人，但是，在實際占卜中，真正吻合的情形並不多。真相是
權杖宮廷牌的人多半表現出火象性格，但他的太陽星座不一定剛好落在
火象星座，也許是由占星命盤中其他的因素造成他的外在表現近似火象性
格，因此在占卜中不能完全依靠星座來定義宮廷牌。所以，如果你看到權
杖宮廷牌，就跟問卜者說：「對方是火象星座的人」，問卜者可能會回答

說：「可是他是雙魚座的啊！」但是如果你說：「這個人個性比較大膽衝動、外向活潑，有點像火象星座」，那麼問卜者十之八九會點頭。

事實上，宮廷牌不能以性別、歲數或星座一概而論，應該以性格來定義。每張牌都代表一個性格面。男人內心有女性的一面，女人內心也男人的一面；歲數大的人可能很幼稚，歲數小的人也可能超齡的成熟。在這些情況下，應該以性格作為最主要的定義標準。所以，國王不能單指四十歲以上的成熟男子，還可以指性格成熟的年輕男子、男性化的成熟女人，或成熟女人性格上的陽剛面。其餘可以舉一反三。

我 的 塔 羅 筆 記 ──

Chapter

4

牌義 ———— 完全手冊

向日葵在此書中所提供的牌義,是現今歐
美的共通與主流牌義,牌圖中的象徵經過
多方考證,並佐以東方文化的例子,以求
突破文化差異所造成的學習障礙。讀者不
需強記死背,也不必照單全收,只要吸收
你能夠理解接受的牌義,自行舉一反三,
塔羅牌自會照著你的定義來運作。

愚人
THE FOOL

開始 冒險 大膽 天真 愚笨
我行我素 潛力 飄泊 旅行

牌面描述

愚人穿著色彩斑斕的服裝,頭上戴頂象徵成功的桂冠,無視於前方的懸崖,昂首闊步向前行。他左手拿著一朵白玫瑰,白色象徵純潔,玫瑰象徵熱情。他的右手則輕輕握著一根杖,象徵經驗的包袱即繫於其上。

那根杖可不是普通的杖,它是一根權杖,象徵力量。愚人腳邊有隻小白狗正狂吠著,似乎在提醒他要懸崖勒馬,又好像隨他一同起舞。無論如何,愚人仍舊保持著歡欣的神色,望向遙遠的天空而非眼前的懸崖,好像懸崖下會有個天使托住他似的,他就這樣昂首闊步地向前走。遠方的山脈象徵他前方未知的旅程,白色的太陽自始至終都目睹著愚人的一舉一動——他從哪裡來?他往何處去?他又如何回來?

牌義推演

愚人是一張很特殊的牌,它的編號是0,其實是沒有編號,它可以出現在任何地方。偉特本人將它放在世界牌之前,不過,也許因為愚人象徵旅程的開始,現在一般人都習慣將它放在第一張。另外,愚人本身可以當作空白牌[註1]來使用,它包含著無限的可能,正如同它的編號0,愚人可以是

完整的圓，也可以是零——什麼都沒有。它可以是好也可以是壞，同時包含著兩種可能。

事實上，在某些版本的塔羅牌中，伴隨愚人的動物是貓，甚至是鱷魚，不管是什麼，這些動物都象徵著本能。動物憑本能行事，愚人也是。他是初生的嬰兒，俗話說「初生之犢不畏虎」，愚人就是這樣一位天不怕地不怕的年輕人。在占卜中，愚人有時還真的代表新生兒。

我們可以比較愚人、魔術師和世界牌中人物握持權杖的方式，愚人持杖的方式是漫不經心，與世界牌中的舞者有異曲同工之妙，而迥異於魔術師有意識的緊緊握住並且善加利用。只不過世界牌是由於旅程已經圓滿達成，牌中舞者才自在地拿著權杖跳舞，而天真的愚人卻絲毫沒有意識到杖中的神奇魔法，所以拿它來掛包袱。

愚人的包袱裡裝的是他的經驗，所以他也不是完全的愚蠢，只是不被經驗所控制。他頭上的桂冠即明顯象徵成功的可能。至於包袱上的圖案意義目前解讀版本主要有兩種，金色曙光系統認為那是鳥，象徵愚人牌本身所屬的風元素；另一說則指明那是老鷹的頭，象徵本能與向上提昇的靈魂。偉特說，愚人是追尋經驗的靈魂。

愚人牌對應風元素，像風一樣自由自在，飄泊不定。他是希臘神話中的酒神戴歐尼修斯【註2】，也是中國神話中追日的夸父、道教八仙中的韓湘子【註3】、民間傳說中的濟公，和金庸小說中的老頑童周伯通。他們都具有外表瘋癲、我行我素、不計後果、笑罵由人的特質。

在占卜上，愚人牌如果代表一個人，那麼這個人可能形於外居無定所，形於內狂放不羈。他愛好冒險，會衝動的陷入戀情，但別期待他能安定下來，要他負責任很難，要他承諾更是天方夜譚。他無憂無慮，因單純而大膽，因天真而無畏，也許還有些衝動，憑感覺行事，從不事先計劃。外人看他瘋瘋癲癲孩子氣，不遵守世俗規範，經常不按牌理出牌，語出驚人，行事盲目又什麼話都聽不進。不過，他心中明白他在做什麼。也許他有目標，只是那個目標跟一般人不同。總之，他是個活在當下的樂觀主義者。

正如牌面上的愚人，剛剛背著行囊踏上一段新旅程，因此愚人牌還可以表示旅行，特別是漫無目的、未經詳細計劃的旅行。愚人到達懸崖末端後，將跳進一個未知的環境，所以也代表搬家、轉學、大膽的行動。也許當事人會把事情看得太簡單，沒有經過縝密的思考和計劃，但我們不能評斷這是好或是壞，只能說是潛力無窮。在工作上，愚人牌表示你正處在和愚人一樣的環境中，或是在工作上表現出愚人的特質，除非從事的是追求創意的另類工作，否則老闆恐怕不會喜歡。

在感情方面，愚人可能代表旅途中的戀情，或是今朝有酒今朝醉，兩人並不考慮未來。如果愚人代表你的情人，則請你好好享受過程，不要期望結果。學生問考試，表示他太不用功了，或是準備方向錯誤，事倍功半。

逆位解析

正位的愚人潛力無窮，逆位置卻問題叢生，因為圖畫逆過來看，愚人會直接頭下腳上栽下去。逆位的愚人可粗分為過度與不足兩個面向來看。若是過度，則天真變成愚蠢、大膽變成魯莽、我行我素變成不守規矩，他還可能粗心大意、計畫過於冒失、行事瘋狂、翹課缺席。若是不足，則當事人失去愚人的正面特質，可能無法聽從內心本能行事、過於小心而錯失良機、膽小怕事、喪失勇氣、太在意別人的看法。

大體而言，愚人逆位時，當事人容易做出不明智的決定或舉動。若將愚人視為空白牌，則正逆位沒有差別。

註1：有些牌附贈一兩張空白牌，作為遺失時的替代，後來有些人將空白牌加入78張牌中占卜，解釋為新出發、未揭露的天機或創意，通常是令人意想不到的驚奇。

註2：戴歐尼修斯（Dionysus）為古希臘神話中的酒神，曾經四處流浪，行事大膽，葡萄藤就是他創造的。

註3：韓湘子是唐代韓愈的侄孫，生性放蕩不羈，好飲酒，不愛俗世功名，只想學道，曾在探親途中因愛慕山川而一去不返二十餘年。後得道成仙。

魔術師
THE MAGICIAN

**創造力 溝通 交際 技能 精通
萬事俱備 新計劃 主動**

牌面描述

魔術師高舉權杖的右手指向天，左手食指指向地，他本人就是溝通上天與
地面的橋樑。他身前的桌上放著象徵四要素的權杖、聖杯、寶劍與錢幣，
同時也代表塔羅牌的四個牌組。他身穿的大紅袍子象徵熱情與主動，白色
內衫表示純潔與智慧的內在。

纏繞他腰間的是一條青蛇，蛇雖然經常象徵邪惡，但在這裡代表的是智慧
與啟發。魔術師頭頂上有個倒 8 符號，代表無限。畫面前方和上方的紅玫
瑰象徵熱情，白百合象徵智慧。此時，萬事齊備，魔術師可以開始進行他
的新計劃了。和愚人牌同樣鮮黃色的背景，預示未來成功的可能。

牌義推演

魔術師編號 1，正是所有數字的開始，也是代表溝通的數字。在七十八張
牌中，魔術師更扮演大小牌間銜接的角色。此外，在占星學中，魔術師這
張牌屬於水星，代表智力與溝通。因此，在實際占卜時，魔術師可代表所
有與溝通聯絡有關的事務，無論口頭或書面。例如發表演講、寫文章、仲
介、聯絡、代理、外交等。魔術師口齒伶俐、文筆流暢、思路清晰、富有

交際手腕，是個有能力「說清楚、講明白」的專家型角色。

魔術師是一張非常主動而有行動力的牌，具有陽性力量。他的行動經過清晰思考，所以很有把握與自信，與愚人未經過深思的大膽行動截然不同。他前方的權杖、聖杯、寶劍與錢幣代表四要素，四要素在西方文化中等同於中國的五行（金木水火土），是構成萬事萬物的基本元素。既然四要素齊備，魔術師就要發揮他的組織力和創造力，來把元素轉化為實質的東西。從愚人虛無的 0 發展到魔術師的 1 的過程，就是把抽象轉為實質。因此，魔術師這張牌表現出「把夢想化為實質」的概念，他不僅築夢，而且踏實，擁有一個前景光明的開端。如果此時你有什麼想法或計畫，魔術師包你可以實現。

魔術師是希臘神話中的赫密士（Hermes），精明能幹，負責傳遞天神的訊息。在童話塔羅牌中，魔術師是以格林童話中《穿靴子的貓》為代表，擁有過人的聰明機智，幫助主人獲得榮華富貴，而牠的東方版本就是日本卡通《哆拉Ａ夢》，永遠都有變不完的戲法。魔術師也像《魔戒》小說裡的甘道夫，還有《石中劍》中的巫師梅林。在中國歷史人物中，富有謀略的諸葛亮及劉伯溫可為魔術師典型。金庸武俠小說中的黃蓉也具有魔術師特質，機智與表達力都令人難以望其項背。

在塔羅牌中的魔術師，並不完全是現代變戲法的魔術師，而比較趨近於中古世紀的魔法師、煉金術士，或俗稱的江湖術士。他們擁有滿身技藝，樣樣精通，能點石成金，所以這張牌在占卜上也顯示當事人具備充足的技能來解決任務。

值得一提的是，偉特在其著作中曾提到，魔術師在占卜上也代表「生病、痛苦、失落、災難」，這樣的解釋經常讓學習者感到困惑。事實上，如果把魔術師看作古時的江湖郎中，這個問題就迎刃而解了，因為江湖郎中正是古代人生病或遇到逆境時的諮詢對象。若以現代的眼光來看，魔術師相

當於醫生、心理師及另類治療師。

實際占卜上，魔術師代表這是個開始新計畫的好時機，當事人已經萬事具備了。魔術師鼓勵大家善用語言和溝通能力，運用原有的技能，再加入新鮮創意來實踐你的想法。在行事風格上，請採取主動，保持專心一致。

逆位解析

魔術師手上拿的權杖很像指揮棒，是導引能量的工具。能量善加導引，可以事半功倍；導引錯了，不僅無益，反而有害。逆位置的魔術師就可能犯這種錯誤，能量導引錯誤即精力用錯地方，原本頗有兩把刷子的江湖郎中，此時變成江湖騙子，以他的戲法行騙天下，所以逆位魔術師可能表示欺瞞詐騙的情況。

此外，逆位時，桌上的四要素都會掉下來，玫瑰與百合也不可能向下生長。此時魔術師就不再是專家，而是沒能力沒創意的二流角色了。他缺乏熱忱與行動力，失去自信與決心，變得不聰明，無能，也缺乏交際手腕。有時逆位的魔術師因為失去導引能量的能力，可能引致一個失去控制、無法收拾的局面。在健康方面，由於神經系統是人體訊息傳導的中樞，所以魔術師逆位可能暗示神經系統或心理方面的疾病。

女祭司
THE HIGH PRIESTESS

———

靜止 消極 直覺 智慧 神秘

牌面描述

相較於上一張魔術師純粹陽性的力量，女祭司表現的則是純粹陰性的力量。她身穿代表純潔的白色內袍與聖母的藍色外袍，靜默端坐。胸前掛個十字架，象徵陰陽平衡、與神合一。頭戴的帽子是由上弦月、下弦月和一輪滿月所構成的，象徵所有的處女神祇。

手上拿著捲軸，象徵深奧的智慧，其上的TORA字樣，意為「神聖律法」，而捲軸捲起並半遮著，暗示此律法不為人所知。在她腳邊的一輪新月，為她的內袍衣角所固定住，袍子並延伸到圖面之外。女祭司兩側一黑一白的柱子，存在於聖經故事中所羅門王在耶路撒冷所建的聖殿，黑白柱上的B與J字樣，分別是Boas和Jachin的縮寫，黑柱是陰，而白柱是陽，兩柱象徵二元性，坐在中間的女祭司則不偏不倚，統合兩者的力量。

柱子上面的喇叭造型，代表女祭司敏銳的感受性，上面的百合花紋則象徵純潔與和平。兩柱之間有帷幕遮著，帷幕上的石榴代表「陰」，棕櫚代表「陽」。帷幕把後方的景色遮住了，仔細一看，依稀可見由水、山丘與藍

天構成的背景。水象徵情感與潛意識，這一片水平靜無波，但其靜止的表面下蘊藏深沉的祕密。整個圖面呈現象徵智慧的藍色調，雙柱的意象在後面的牌中重複出現。

牌義推演

女祭司是「處女」與「聖母」的原型，許多文化中都有這樣的典型人物，例如天主教中的聖母瑪麗亞，埃及神話中的伊希絲【註1】，希臘神話中的阿特蜜絲【註2】，羅馬神話中的月神黛安娜，也有人將她視為希臘神話中的貝瑟芬妮【註3】。中國神話中一般認為的月神嫦娥不甚符合這樣的形象，反而是觀世音比較相近。以現代的角度來看，女祭司近似金庸小說中尚未遇到楊過之前隱居在古墓中的小龍女。

女祭司與編號三的皇后牌同屬塔羅牌中的女性原型。但女祭司是不食人間煙火的「處女」和「聖母」，皇后則表現世俗的母親形象。我們可以觀察到女祭司的坐姿端凝內斂，臉型與體態均屬年輕女子的纖瘦貌，而皇后姿態大方，體態豐腴。由此可見，女祭司比皇后更加強調女性的陰柔被動特質。女祭司是一位不需要男人的女子，遺世而獨立，律己嚴謹，不苟言笑，因此，在感情占卜上，女祭司通常代表單戀、暗戀或獨身。

女祭司對應占星學中的月亮，圖面上總共出現了四次月亮，月亮是陰性，代表靜止、消極與被動，正點出女祭司的主題。女祭司一向抱持「以不變應萬變」的態度，相較於魔術師的光明正大與積極創造，女祭司則傾向含蓄內斂並靜默無語。

她外表雖無行動，但其實是走向內心，傾聽直覺，得到內在的智慧。其實每個人的內在都有無上的智慧，只是很少人懂得傾聽。女祭司知道與其強行改變外在的世界，不如傾聽內心的聲音，自然能境隨心轉，誰說消極就沒有力量？她手上拿著的捲軸，正暗示她擁有的無上智慧。但從反方面來看，女祭司在占卜上有時代表直覺很強，卻很少付諸行動的人，也可能太

過拘謹、冷若冰霜。其實幾乎每一張牌都同時具有正面與負面的涵義，要看牌陣中其他的牌，以及解牌時的直覺而定。

月亮的另一個意義是神秘，因此女祭司也代表任何與神秘學相關的事物，或是秘密。女祭司也擁有豐富的知識，但是她的知識並不像教宗牌是由學校教育所獲致，而是偏向神秘學的知識，以及每個人本有的直覺，甚至是通靈能力。女祭司出現時，可能表示事情延宕不決、毫無進展，而且大刀闊斧的舉動通常也無法解決問題。女祭司提醒我們應該順應無為，靜心思索，傾聽內在的聲音，你將會驚訝自己竟有如此智慧。

女祭司是極為陰性的牌，多次出現的月亮，也暗示女性的生理週期。因此，在健康占卜上，常代表婦女疾病或經期困擾。

逆位解析

女祭司逆位，原本的沉靜不再，取而代之的是她原本欠缺的熱情，變得特別喜歡與人交際，在各方面都顯得主動活躍。然而，女祭司逆位同時也失去了最珍貴的內在智慧，只接受膚淺的表面知識。另外，也可能表示當事人拒絕聽從直覺行事，忽視自己內心的聲音。

註1：伊希絲（Isis）是古埃及神話中最重要的母神，擅用魔法。
註2：阿特蜜絲（Artemis）是古希臘神話中太陽神阿波羅的孿生妹妹，是月神，也是狩獵女神。她保持處子之身，是純潔的象徵。也有人將她對應到18號月亮牌。
註3：貝瑟芬妮（Persephone）是農業女神狄蜜特（Demeter）之女，被冥王黑帝斯（Hades）攜走，狄蜜特於是請貝瑟芬妮之父（黑帝斯的哥哥）宙斯出面解決，但貝瑟芬妮被設計吃了石榴，每年必須有四分之一的時間留在陰間，因而成為冥王之妻，陰間之后。

皇后
THE EMPRESS

豐收 生產 創造 自然 母愛 美
歡樂 主動 熱情

牌面描述

體態豐腴的皇后坐在寶座上,手持象徵地球的圓形手杖,戴著由九顆珍珠
組成的項鍊,象徵九顆行星,也代表金星維納斯。皇后頭冠由十二個六角
星組成,象徵十二星座與一年的十二個月。更進一步,六角星本身是由一
個正三角形和倒三角形組成,分別代表火要素和水要素。

除了頭冠之外,她還戴著香桃木葉作成的頭環,象徵金星維納斯。她身穿
的寬鬆袍子上面畫滿象徵多產的石榴,寶座下方則是個繪有金星符號的心
形枕頭。她前方的麥田已經成熟,代表豐饒與多產;後方則是茂密的絲柏
森林,與象徵生命力的瀑布河流。

牌義推演

皇后是母性的原型,在占星學中對應金星。在牌面中重複出現的金星主
題,象徵女性、愛與美。皇后和女祭司同樣都是女性的原型,女祭司表現
的是女性的理性面,皇后則表現女性的感性面;女祭司不輕易表達情感,
皇后則主動且熱情,敢於大方表達她的愛與關懷,也相當重視感官的享
受。當事人可能在此時享受奢侈的生活,盡情打扮並表現自己,吸引他人

的目光。

因為皇后對應金星，因此傳統上這張牌也可以代表婚姻。在工作方面，表示收穫豐碩，或是遇到一位熱心幫助你的人，通常是女性。在感情方面，可能表示結婚、快樂的戀情、女方採取主動，或是代表一位相當具有吸引力的女性，這位女性可能是自己，也可能是情敵，須配合週遭的牌解讀。

大自然同樣是母親的原型。人們常說「大地之母」，大自然猶如母親一般，滋養孕育各種形式的生命。她四周成熟的麥田和旺盛的瀑布也點出相同的主題。再者，皇后本身的體態豐腴，暗示她的體內也孕育著新生命。

從靈數學的觀點來看，3由1和2組成，1是男性，2是女性，3則是男女所孕育出的新生命。所以，總括來說，皇后牌同時代表母親與生產，延伸出去就是豐收與創造，通常是令人感到歡樂的牌。也許此時當事人能夠創造一些東西，無論是實際的寶寶、產品、作品，還是抽象的想法。也許當事人長久的耕耘能夠得到滿意的果實。

當事人可以盡情對他人付出愛與關懷，照顧小孩或小動物，或者是遇見一位具有這種特質的人，特別是女性。皇后也可以代表一段豐收享樂的歡樂時光。

皇后在希臘羅馬神話中，通常由掌管愛與美的阿芙蘿黛蒂（Aphrodite）和維納斯（Venus），以及農業女神狄蜜特（Demeter）為代表。中國神話中，補天造人的女媧和教民養蠶的嫘祖，應可為皇后的代表。皇后就像一位親切的媽媽，提供美味的食物，在天冷時為孩子添衣，並且時時給孩子溫暖的擁抱。

皇后若代表情人，那麼她通常非常熱情主動，可能很喜歡打扮與享受。此外，皇后也可能代表一位很有影響力的女性，對當事人相當重要。

逆位解析

皇后逆位，女性的特質受到阻礙，當事人可能不再自由表達情感，否定自己的情緒與慾望，或者不願付出關照，成為一個失職的母親。另一方面，也有可能感性特質發展過度，變得完全沒有理智，只憑感覺做事，這是相當危險的事。在最好的情況下，皇后逆位可以得到正位所欠缺的特質，表示當事人能夠以理性思考的冷靜態度來解決問題，特別是情感問題。

在逆位置的解讀上，我們可以把皇后和女祭司視為一個組合，兩者互有對方所欠缺的部份，也就是說，當女祭司逆位時，可以得到皇后的熱情能力；當皇后逆位時，得到女祭司的冷靜能力。

在健康方面，正位的皇后代表懷孕或生產，逆位則可能營養不良，或出現懷孕方面的問題，包括不孕、流產或墮胎，也可能在不該懷孕的時候懷孕，需特別小心。

皇帝
THE EMPEROR

父親 權力 秩序 統治

牌面描述

一國之尊的皇帝頭戴皇冠，身著紅袍，腳穿象徵嚴格紀律的盔甲，左手拿著一顆球，右手持的是象徵生命的古埃及十字架，自信滿滿的坐在王位上。王位上有四個牡羊頭作為裝飾，顯示皇帝牌正是代表牡羊座的牌。牡羊座是十二星座的頭一個，具有勇敢、積極、有野心、有自信的特質。紅袍加上橙色的背景，呈現紅色的主色調，與牡羊座的特質不謀而合。背景嚴峻的山象徵前方險峻的路途。我們可以比較皇帝與皇后的背景，一個是嚴峻山川，一個是豐饒大地，形成互補的局面。

牌義推演

皇帝具有威權，自我中心，行動力強，對應占星學中的牡羊座，也對應希臘神話中的天神宙斯（Zeus），然而這位皇帝並不一定像宙斯那樣風流。從東方神話觀點，可將其視為玉皇大帝或黃帝。從歷史觀點，正位的皇帝就像史上每個統馭萬民的明君。以現代觀點切入，皇帝就是總統或大老闆，是讓人臣服的角色。

皇后象徵母親，皇帝則象徵父親，父親母親一陰一陽，互補相成。在這裡皇帝是傳統的嚴父，與現代新好爸爸迥異。他是教導孩子社會規範與服從精神的人，如果孩子不聽話，他會拿著藤條追打。平常他也是個理性角色，不擅長表達情感。更進一步來說，我們不應只將其視為狹義的「爸爸」，皇帝牌實際上包含廣義的世間「父親形象」。它可以代表任何有權力、克己嚴謹、但缺乏情感交流的領導人物或權威人士。

榮格說：「父親代表道德戒律與禁令」。皇帝是不折不扣的權威角色，編號4，是穩定和秩序，就像桌子一樣，一定要有四個腳才站得穩。因此皇帝偏好秩序、規範與穩定，擁有至高無上的權力。為了統治國家，他必須將個人情感收起，運用鐵腕控制社會秩序，國家才不會分崩離析。必要的時候，甚至必須採取嚴厲的措施，頒布法律與禁令，雷厲風行。皇帝可以是位慎思明辨的明君，也可能是位荼害人民的暴君，如同法令有好有壞，皇帝亦可好可壞。

在占卜上，皇帝可能代表某位具有權威父親形象的人，或是對當事人有極大影響力的人，通常是居上位的人。如果情況好，皇帝能給予幫助；如果情況不好，皇帝可能會對當事人施加控制，使當事人失去自由，苦不堪言。另外，皇帝也可代表一段穩定自律的時期，當事人能夠秉持皇帝的態度，嚴以律己，一絲不苟，達成自己的目標。這段時期當事人多採取理性分析的方式，而非聽從情感與直覺，他可以像皇帝一樣開疆闢土，穩健守成。在工作方面，當事人可採行皇帝的策略，拿出權威與專業來領導眾人，並且自我嚴格要求。情感占卜方面，皇帝牌可能暗示男性採取主動，或是兩人相處缺乏情感交流。皇帝牌若代表丈夫或情人，但這位丈夫或情人雖有責任感，卻不會甜言蜜語，反而取代嚴父角色，讓人有點敬畏，情況不好時可能會想控制對方。

逆位解析

皇帝正位，多顯現正面特質。逆位可能表示缺乏皇帝特質，變得自我放縱、不成熟、欠缺領導能力、欠缺行動力、軟弱、懶惰、缺乏責任感、沒自信、依賴心強、猶豫不決等。也可能是皇帝特質運用過度，變成商紂或夏桀般的暴君，導致行事武斷、權力濫用、冷酷無情、佔有慾或控制慾過強、為反叛而反叛。

教宗
THE HIEROPHANT

宗教 傳統 援助 儀式 教育 道德
社會規範

牌面描述

教宗身穿大紅袍子，端坐在信眾前。他頭戴象徵權力的三層皇冠，分別代表身心靈三種層次的世界。他的右手食中指指向天，象徵祝福；左手持著主字形的權杖，象徵神聖與權力。他耳朵旁邊垂掛的白色小物，代表內心的聲音。

教宗前方放著兩把交叉的鑰匙，在很多版本的塔羅牌裡，鑰匙是金色銀色各一把，象徵陽與陰，日與月，外在與內在，我們的課題就是要學會如何結合兩者，而鑰匙本身可用以開啟智慧與神秘之門。

教宗前方的兩位信眾，左邊的身穿象徵熱情的紅玫瑰花紋衣裳，右邊則穿象徵性靈成長的白百合衣裳（紅玫瑰與白百合在魔術師也曾出現過）。教宗與信眾三人的衣服都有牛軛形（Y字形）裝飾，牛軛的用途是促使受過訓練的動物去工作的，出現在教宗牌的道理值得深思。

教宗後方則是曾經在女祭司中出現的兩根柱子，不過在這裡它們是灰色的，灰色象徵由經驗而來的智慧；另一說則是教宗後方雖無女祭司的帷幕

將潛意識隔離，但暗沉的灰色代表通往潛意識之路仍未開啟。柱子上的圖案象徵肉體結合。

牌義推演

教宗，如同他的名稱，與宗教有強烈的關聯。不過教宗所屬的宗教是有組織的教會或教派，他是入世且走入人群的，這與女祭司和隱士的離群索居大有不同。在希臘神話中，教宗對應半人馬奇隆（Chiron），他天文地理無所不知，並教誨無數。現代的教宗就是羅馬教皇和達賴喇嘛，古時候則有偉大的教育家孔子，以及譯經無數的唐代高僧玄奘。

教宗與皇帝都是父親形象的代表，但是皇帝是提供物質的父親，而教宗則是提供心靈成長與道德教育的父親；皇帝重視外在的法律與約束，教宗則代表內心的服從性；如果說皇帝是三軍總司令，那麼教宗就是校長與教育部長。教宗教導我們的是傳統價值與倫理道德，好比說子女不孝雖不犯法，卻為社會大眾所不容，或是除夕夜返鄉探親雖非強制，但大多數的人都會遵行。教宗代表的就是這種社會規範與社會責任——不遵守不犯法，但還是遵守為妙。

教宗也代表學校教育，以及任何所謂「正統」的教育。就像教宗所屬的教會是龐大的組織，教宗所代表的教育形式也是社會大眾認同的，在學校中學生學到政府與社會大眾希望他們學的價值觀，雖然會阻礙個人部分的心靈發展，卻是群體生活中不可或缺的一環。

教宗並非獨自在深山中修行，而是在宗教組織下服務。教會擁有固定的體系，延伸出去，教宗也可以代表各級機關團體或學校，或任何與群體有關的事物。

在教堂中，儀式是不可或缺的，所以教宗牌也象徵儀式——畢業典禮、結婚典禮、成年禮、喪禮等。這些儀式同樣屬於社會的規範。因此，教宗牌

也可能顯示當事人參加某個儀式或典禮。

在占卜上，教宗常與教學與顧問相關，是學生最樂見的牌，表示學生在學校環境中如魚得水，問考試必順利。教宗也可能表示心靈上的追求（重心往往是道德），也可能代表有長輩幫助，或貴人伸出援手，無論是口頭上的建議還是實質上的幫助，或者暗示當事人應該尋求長輩或專業人士幫忙。在感情占卜上，教宗通常指涉傳統的戀情或婚姻，例如相親，也可能是柏拉圖式的精神戀愛，最好的情況則代表婚禮將近。

教宗若代表人物，他可能是神職人員、教師、長者、貴人、專業人士、典禮主持人、保守分子、衛道人士等。

逆位解析

教宗逆位通常代表打破傳統規範。此時不宜遵照常規，應該要有創新的想法，敢於與眾不同，標新立異。另外，教宗逆位也可能代表教宗特質表現過度，導致太保守、太傳統、太武斷、太固執。此時，貴人相助恐怕不成，因此不宜貿然採取他人的建議，更應小心查證你所得到訊息之真實性。

感情方面可能表示此時不宜結婚。健康方面則可能代表肌肉或關節僵硬（太過僵化），或是得到錯誤的醫學建議。另外，儀式或典禮的取消延期也是教宗逆位的可能意義之一。

戀 人
THE LOVERS

選擇 愛情 性 結合 人際關係

牌面描述

戀人牌背景在伊甸園，亞當與夏娃分站兩邊，兩者皆裸身，代表他們沒什麼需要隱藏的。兩人所踩的土地相當肥沃，生機盎然。夏娃的背後是知識之樹，生有五顆蘋果，象徵五種感官，有條蛇纏繞樹上。蛇在世界文化中的象徵豐富多元，此處可能象徵智慧，也象徵慾望與誘惑。牠由下往上纏繞在樹上，暗示誘惑經常來自潛意識。亞當背後是生命之樹，樹上有十二團火焰，象徵十二星座，也象徵慾望之火。

偉特說：「亞當與夏娃年輕誘人的軀體，象徵未受有形物質污染之前的青春、童貞、純真和愛」。兩人背後的人物是風之天使拉斐爾（Raphael），風代表溝通，祂身穿的紫袍則是忠貞的象徵，顯示這個溝通的重要 。亞當看著夏娃，夏娃則望著天使，象徵「意識—潛意識—超意識」與「身—心—靈」或是「理性—感性」之間的傳導。

天使之下，亞當夏娃中間有一座山，象徵意義解讀眾多，主要有三種：一說是山代表陽性，水代表陰性，兩者表現陰陽平衡，意味我們必須把陰與陽、理性與感性的能量調和。一說認為這座山象徵正當思想的豐饒果實。另一說則認為它代表高峰經驗與極樂。

牌義推演

戀人對應占星學中的雙子座，可能展現雙方的結合溝通或對立。看到戀人牌，一般人的第一反應通常都是與愛情有關，也就是雙方的結合與溝通，事實確是如此。但是，在更古老版本的塔羅牌，戀人更常見的意義是「選擇」，也就是雙方的對立。傳統的戀人牌通常繪有一個男人在兩個女人之間作抉擇，黑髮女人是他的母親，金髮女子是他的情人，後面還有個愛神丘比特在攪局。這樣的情境讓人聯想到希臘神話中著名的「帕里斯的審判」【註1】，以及東方社會中常見的婆媳問題。

這樣的抉擇不只是在兩個人之間做選擇，更是對兩種生活方式的抉擇，並且進一步點出愚人成長的題旨——他長大要離巢了。雖然偉特改變了戀人牌的構圖，但是基本牌義仍然保留。戀人牌出現經常代表當事人面臨重大抉擇。此時當事人必須格外謹慎，他做出的抉擇可能對他產生重大影響，此時不要短視近利，更不可執迷於表面的利益或面子，而應該要仔細思考自己究竟要什麼，才能作出好的決策。

戀人牌代表的選擇與權杖二或聖杯七可不同，戀人畢竟是大牌，牽涉的是人生的轉捩點，不是短期的影響，不可不慎。雖然亞當與夏娃受天使祝福，但夏娃身後的蛇仍暗示人類墮落的故事，如果意志不堅而選擇不當，伊甸園的恨事恐怕重新上演。

戀人牌所呈現的選擇有可能挑戰當事人的道德與信仰，當事人像是站在一個十字路口，必須在道德與快樂之間做抉擇。因此戀人牌也代表個人信仰與價值觀，因為當事人的抉擇通常奠基在他的價值觀之上，雖然此時它可能遭受挑戰。

在感情的占卜中，戀人正位通常是個大好消息，表示兩人之間吸引力很強，一拍即合。雖不一定有性關係，但是很有可能，且必然是因愛而性。相對來說魔鬼牌的性關係就是無愛之性。戀人的愛情會是影響重大且維持

長久的,我們可以拿來與聖杯二做對照。聖杯二可能只是短期的愛戀,甚至不會有任何承諾,但戀人相對強烈而長期,對當事人的影響自是不在話下。如果戀人逆位,通常代表失戀或戀愛不順,金童玉女變成梁山伯與祝英台,不宜抱持太大希望。若是戀人出現在牌陣中代表過去的位置,而現在位置情況不佳,很可能是當事人盲目沉浸在逝去的戀愛,無法自拔。

在工作方面,戀人點出工作環境的人際關係事關重大。當事人已經可以在團隊中工作,或是必須尋求合作,無論如何,當事人都必須學習到合作的技巧,溝通要順暢,就能發揮一加一大於二的效果。有時候,戀人牌代表在工作上遭遇到的抉擇。少數情況下,戀人代表工作上的戀情。

愛情是狹義的結合,但戀人牌還包含廣義的結合。亞當象徵陽性、理性與顯意識,夏娃象徵陰性、感性與潛意識,兩人的結合不只是男與女的結合,還可以進一步代表任何結盟關係、合夥關係與人際關係。若戀人正位通常表示成功和諧,溝通順暢,當然還得參照其他位置的牌而定。在最好的情況下,戀人牌代表完美、和諧、互信的人際關係。

逆位解析

戀人逆位多半表示人際關係出了問題。除了婚姻或戀愛上的挫敗外,還可能代表三角關係(特別是與戰車牌共同出現時)、分離、對立、合夥失敗。這些失敗可能由於忌妒,也可能是雙方的目標不同所造成的。戀人逆位也可能表示錯誤的選擇或決策。健康方面,可能有性方面的困擾或疾病。

註1:希拉、雅典娜和阿芙蘿黛蒂三位女神為了爭奪一顆寫有「給最美的女神」的金蘋果,各自使出渾身解數賄賂裁判帕里斯。希拉承諾讓他當歐洲和亞洲的主宰,雅典娜答應讓他帶領特洛伊人打勝希臘人,阿芙蘿黛蒂則要給他全世界最美的女人海倫。帕里斯最後選擇阿芙蘿黛蒂,從此引發著名的特洛伊戰爭。

戰車
THE CHARIOT

意志 自律 勝利 旅程 競爭

牌面描述

一位英勇的戰士駕著一座由兩隻人面獅身獸拉著的戰車。人面獅身獸一隻是黑的，代表嚴厲，另一隻是白的，代表慈悲。兩獸同時來看，也是陰陽平衡的象徵。戰車上有四根柱子，象徵四個代表上帝的希伯來字母YHWH，或火水風土四要素。藍色車棚上飾以六角星花紋，象徵天體對戰士成功的影響。

英勇的戰士手持象徵意志與力量的矛形權杖，頭戴象徵統治的八角星頭冠和象徵勝利的桂冠，身穿盔甲。盔甲上的肩章呈現弦月形，顯示戰車牌與屬月亮的巨蟹座之關聯。斜掛的腰帶上有占星學符號，裙上有各種鍊金術的符號。胸前的四方形圖案代表土要素，象徵意志的力量。戰車前方的翅膀圖案是古埃及的圖騰，代表靈感。

翅膀下面是一個小盾牌，其上的紅色的圖案是一種印度圖騰，為男性與女性生殖器結合的象徵，也是二元性與一元性，類似中國的陰與陽，可能暗示編號七的戰車牌走過愚人之旅的三分之一，已達性成熟的階段。

戰士身後的河流就是聖經創世紀中四條伊甸園之河其中的一條，與皇后、皇帝和死神牌中的河是同一條。再後面就是一座高牆聳立的城市。戰士背對城市，暗示他把物質置於身後，向前開展心靈上的旅程。他手上沒有韁繩，表示他不是用肉體來控制那兩頭朝不同方向行進的人面獅身獸，而完全憑藉他旺盛過人的意志力。值得注意的一點是他站在城牆外守禦，而非進攻，所以這位戰士並不是凶狠的侵略者，而近似於守護、防禦的角色。他盡他的本分，並努力做到最好。

牌義推演

非常有力量一个牌

戰車對應占星學的巨蟹座，以及希臘神話中的戰神阿瑞斯（Ares），他就像稱霸歐洲一時的拿破崙，和開疆闢土、勝仗無數的成吉思汗和完顏阿骨打，雖然不一定是個盛世明君，卻一定精於戰場得勝。由此可知，戰車牌首要意義就是勝利。戰士十分重視輸贏，而且在對勝利的強烈渴望下，他通常都會贏。他喜歡透過與別人競爭而得勝，總要成為第一名，縱使付出比別人加倍的努力也在所不惜。對於競爭，他懷有強烈的野心與專注力。對於設定的目標，他會全心全意去達成。

戰車另一個重要意義是堅強的意志力。還記得戰士手上沒有任何韁繩嗎？他完全憑藉意志力來控制戰車，也控制兩頭人面獅身獸不至於分道揚鑣，以致戰車解體。戰士具有堅定不移的信心與決心，他有能力控制整個局勢。六號的戀人牌有關選擇，七號的戰車則對他的選擇採取實際行動，克服路途中的恐懼——恐懼失敗，恐懼選擇錯誤。

自律、自我要求與情緒控制也是戰士具有的過人特質。唯有嚴格的自律，才能使他在競爭中得勝。鬆散、無紀律、渾渾噩噩的生活是他絕對不會接受的。他更不可能放縱自己的情感，讓自己情緒化。他要征服。

戰車，顧名思義，表示交通工具，也與旅程相關，通常是陸路的旅行。戰車也代表移動或改變，不過不一定是肉體方面的，因為剛在戀人牌中做出

某種決定，此時生活必然因這個決定而經歷某種改變。

實際占卜中，戰車出現通常意味某種程度的挑戰，而且此時放棄是不明智的。應該學習戰士的精神，轟轟烈烈打一場漂亮的戰爭，勝利很有可能就是你的。意志要堅強、要堅持、要自律。拿出決心，貫徹始終，別忘了戰車的成功性很大。在事業占卜方面，戰車代表雖需競爭，但勝利可期。感情占卜，通常表示猛烈追求，或暗示欠缺軟性對話與情感交流。有可能出現競爭局面，或者你就是那個競爭者。戰車如果代表一個人，可能是旅客、司機、騎士、贏家，或是任何具有戰士精神的人。

逆位解析

戰車逆位，可能慘遭失敗。也可能當事人野心過度旺盛、侵略性太強、太魯莽或事情太多，而導致不好的下場。此時衝突與阻礙難免。感情方面可能有口角或三角關係。旅行也可能延期或取消，甚至在旅途中遇到無法預期的意外狀況或交通事故。

如果戰車逆位代表人，可能是指輸家、酒醉駕駛、危險駕駛、身陷衝突的人、或魯莽的人。在健康方面，正位代表當事人有強烈的動機戰勝病魔，逆位則可能與壓力過大和意外受傷相關。此時應該放鬆身心，冷靜下來想一想自己是不是犯了上述的錯誤，以免浪費時間，徒勞無功。

力量
STRENGTH

力量 勇氣 信心 耐心 以柔克剛

牌面描述

代表力量的女人輕柔地合上獅子的嘴。女人頭上有魔術師牌中出現的倒 8
符號，象徵她的力量是無窮無盡的。她頭上戴著花環，腰間也繫著花環，
而且腰間花環還連繫在獅子頸間，形成第二個倒 8 符號。獅子身體微傾，
尾巴輕垂，表現出徹底的順服，還伸出舌頭來舔著女人的手。

牌義推演

力量延續上一張戰車的課題，但她用更高層次的方式來應對，即老子所說
的「以柔克剛」。獅子象徵人內在的獸性，戰車用陽剛的鐵腕作風來控
制，力量則以她內心的勇氣、信心和耐心來馴服。結果戰車前的兩頭人面
獅身獸雖暫時受控制，頭卻仍朝著不同方向（在某些版本的牌中，牠們甚
至是背對的），而力量中的獅子則徹底順服，暗示柔弱果然勝剛強。力量
就像忍得胯下之辱的韓信，以及懂得運用疏通之道治水的大禹，它也常對
應到希臘神話中自信滿滿的英雄赫丘力（Hercules），但赫丘力有勇無
謀，情緒智商很低，與力量不是非常相符，反而是羅馬神話中的鐵修斯
（Theseus）較貼近力量的內涵，因為他不僅有勇氣，有謀略，還有包容
力與同情心。

力量圖面上有隻獅子，在占星學上也與獅子座對應。獅子座擁有無上的勇氣與領導力，在這裡與女性特質結合，表現出來的不是壯漢的蠻力，而是內心的堅韌。試想：一個女子要馴服一頭獅子，用武力絕對是自討苦吃，所以她必須運用她所擁有的特質，用柔性的力量來馴化獅子。要這麼做，首先她必須擁有超人的勇氣，否則她怎敢接近獅子呢？再來她得拿出信心，深信自己會成功，這樣的信心讓她散發出自信的光芒，溫和中自有一股威嚴讓獅子降服。最後則是耐心，她必須慢慢來贏得獅子的信任，就像馬戲團裡的馴獸師一樣，必得經過許多次的練習及失敗，才能成功馴服猛獸。相同的道理也可應用在克服內心的獸性與恐懼、憤怒與衝動，也就是克服我們內在的那頭獅子。每個人都有本能的一面，也許當事人目前正面臨心中慾望的交戰，極力克服來自內心深處的那股衝動，力量牌則教導我們要接近它、傾聽它、理解它並且馴服它。如同大禹治水的善加疏導，而非戰車的強制壓抑。

在占卜上，力量顯示出面對人生的信心，就像牌中的女人，以外柔內剛之姿，面對人生的難題。她內心堅強，信心深切，勇氣百倍。她外表平靜安詳，行事堅定果決，同時又不急不躁有耐心。力量代表克服內心野獸本能的那一部份，要使所有的焦躁、憤怒、衝動、不安都平息下來。如果當事人現在表現得太急切，力量牌出現提醒他要放慢腳步，要有耐心，要以柔性力量來行動，同時別忘了自信最重要。在健康方面，女人降服獅子就好像病人降服病魔，是重拾健康活力的好徵兆。

逆位解析

力量逆位的首要意義是軟弱無能。內在的信心和勇氣已然消失，恐懼和懷疑接著浮現，當事人可能無法駕馭自己的情感，讓情感凌駕理智，獸性凌駕靈性，也可能失去原有的耐心，而屈服於外在引誘之下。此時不宜貿然行動，不管現在面對的是什麼樣的問題，力量逆位提醒我們要先處理自己的負面想法和情緒，不要讓心中的獅子控制你，唯有自己才是自己的主人。有時逆位的軟弱會呈現在肉體上，當事人會身體虛弱或生病，宜多加照護。力量逆位也有可能指的是力量的濫用，無論是有形的蠻力還是無形的權力。

隱士
THE HERMIT

謹慎 孤獨 內省 指引

牌面描述

身穿灰色斗篷和帽子的老人站在冰天雪地的山巔上，低頭沉思，四周杳無人煙。他右手高高舉著一盞燈，這是真理之燈，燈裡是顆發亮的六角星，名稱是所羅門的封印，散發出潛意識之光。老人左手拄著一根族長之杖，這根杖在愚人、魔術師、戰車都曾經出現過。愚人太過天真，不知杖的魔力，拿它來繫包袱；魔術師用代表意識的右手運用杖的法力；戰車把杖化為矛，也用右手緊握著；隱士則杖交左手，用以在啟蒙之路上做前導。

牌義推演

隱士和愚人同樣都站在懸崖頂，愚人大踏步的向前走，隱士卻十分謹慎。隱士是成長之後的愚人，他花白的鬍子似乎在告訴我們：「我年紀大了，不再是從前那個渾小子了」。的確，在累積足夠經驗與智慧之後，隱士自然行事謹慎。與隱士對應的星座是處女座，是注重細節的完美主義者，做事總是小心翼翼，這正是隱士的寫照。隱士也與希臘神話中的克羅諾斯（Cronus）對應，他原是泰坦神族的領袖，後來被兒子宙斯所推翻，隱遁到義大利，並為當地帶來黃金時代。中國歷史上最著名的隱士則首推陶淵明。

隱士孤身一人在山巔，在追尋智慧與性靈成長的過程中，爬得越高就越孤

獨。隱士腳踩的山頭都結冰了，或許真是高處不勝寒。追尋的過程中，他不與群眾接觸，只與自己的內心接觸，因為智慧的追尋和性靈的成長，都必須一個人單獨完成，而離群索居是必要的過程。因此，在占卜上，隱士代表孤獨。他遠離人群，退出交際活動，讓內心靜下來，一個人獨處。此時應暫時放下社交活動，向內探求，留一些時間給自己。冥想、沉思、靜坐、傾聽內心的聲音、留意夢境帶來的訊息，都會帶來好處。問題的答案其實已經在我們心中，孤獨是為了內省，內省就是為了找出答案。

經過一段時間的內省之後，隱士已然到達智慧的頂峰，這時他準備返回人群，為山下的人指引方向。他高舉著真理之燈，猶如一座燈塔。他親身經歷過追尋的過程，現在可以為大眾啟蒙、引路。隱士不是「經師」，他不真的教授書本上的知識，他要當的是「人師」，是每個人的心靈導師。他深知靈性與智慧的探求無法靠口頭傳授，必須由學生自己體會，方能真正獲得。他站在山頂指引還在山下的學生，幫助他們，扮演領路人的角色。隱士如果代表長輩，則他不會實際教導你去做什麼，而是親身樹立模範讓你追隨效法。

隱士是智慧老人的原型，他代表心靈導師、教師、有智慧的人、長者、諮商師、顧問、前輩、當然也代表隱士。占卜上，隱士除了表示孤獨和內省的需要之外，也建議當事人向有智慧的前輩請益。在工作上，隱士通常採取獨當一面的作風，用自己的方式工作，不與他人或團隊合作，並且展現細心謹慎的工作態度。感情方面，可能表示單身，或是暫時退出感情關係，需要深思。如果已經處在穩定關係中，也暗示他需要自己的時間和空間，或是對此關係作進一步的思索。畢竟，隱士對於戀愛並不熱衷。

逆位解析

隱士逆位首先失去的是謹慎，變得粗心大意。再者孤獨過度，甚至出現憤世嫉俗的反社會傾向。也可能暗示當事人我行我素，無法接受他人的忠告。此時建議當事人，一個人的世界固然有其好處，但若過度反而容易導致失和。隱士雖暫時離開人群，但他並沒有否定人際關係的價值，在完成探求之後他不是馬上舉起燈籠，為山下人引路了嗎？

命運之輪
WHEEL of FORTUNE

命運 轉變 契機 進展 幸運

牌面描述

所有的大牌都有人物，命運之輪是唯一的例外，可見這張牌獨樹一格。深藍色的天空懸著一個輪子，輪盤由三個圓圈構成（教宗的頭冠也是），最裡面的小圈代表創造力，中間是形成力，最外層是物質世界。

小圈裡頭沒有任何符號，因為創造力潛能無限；中間圓圈裡有四個符號，從上方順時針依序是鍊金術中的汞、硫、水、鹽，分別與風火水土四要素相關聯，是形成物質世界的基本要素，也分別代表超意識、自我意識覺醒、潛意識和分解，意味人類必須將身邊的物質分解吸收並萃取精華，再運用創造力，造出新事物 最外層就是物質世界，上右下左四方位分別是TARO四個字母，這四個字母可以組成Rota（輪）、Orat（說）、Tora（律法）、Ator（哈托爾女神）[註1]，形成一個完整的句子「塔羅之輪述說哈托爾女神的律法」，其餘四個符號是希伯來字母YHVH，是上帝最古老的名字。

輪盤從中心放射出八道直線，代表宇宙輻射能量。在輪盤左方有一條往下行進的蛇，是埃及神話中的邪惡之神提風（Typhon），牠向下沉淪，

帶著輪子進入分崩離析的黑暗世界。相反的，背負輪盤的胡狼頭動物渴求上升，牠是埃及神話中的阿努比神（Anubis）[註2]。而上方的人面獅身獸是智慧的象徵，均衡持中，在變動中保持不變。牠拿著的寶劍代表風要素，表示心智能力、思考力和智慧。

牌義推演

四個角落的四隻動物，從右上方順時針看分別是老鷹、獅子、牛、人，而且都有翅膀。這四個動物出自聖經啟示錄第四章「寶座周圍有四個活物，前後遍體都滿了眼睛。第一個像獅子，第二個像牛犢，第三個臉面像人，第四個像飛鷹」，耶路撒冷聖經提到四活物象徵四位福音書的作者（馬太、馬可、路加和約翰）。占卜上這四個動物與占星學產生關聯，分別代表四個固定星座和四要素，老鷹是天蠍座（水），獅子是獅子座（火），牛是金牛座（土），人是水瓶座（風）。牠們都在看書，汲取智慧，而翅膀賦予牠們在變動中保持穩定的能力。

充滿了這麼豐富的象徵，總而言之，命運之輪要表現的就是個人命運的不可預測。當命運之輪轉動時，原本在上面的幸福人們就轉到下面的悲慘世界，下面的人也轉上來了，俗語說「風水輪流轉」，正是命運之輪的寫照。人生猶如潮起潮落，日復一日，沒人能夠逃脫自然的循環。

通常命運之輪象徵的命運不是人力可以控制的。就像車子拋錨害你錯過班機的懊惱，或是中了樂透頭獎的狂喜，但得意時莫忘失意苦，失意時也莫一蹶不振，因為你錯過的班機說不定墜機，而中了樂透頭獎可能會惹來殺身之禍。希臘神話中，命運之輪的意像就是命運三女神，一位紡織命運紗線，一位將紗線分配給每一個人，一位負責在人死時把線剪斷。據說她們在人們出生時，就替他們定好禍福了。

在《你已經很塔羅了》一書中，作者用塞翁失馬的故事來比喻命運不可捉摸。《亞瑟王與圓桌武士》中的一段故事也可作為借鏡：某夜亞瑟王夢見

自己坐在一張綁在輪上的椅子，他全身穿著全世界最金碧輝煌的衣服，然後他發現輪子下面全是駭人的黑水、蛇、昆蟲和猛獸，看來十分恐怖，突然間，輪子一轉，亞瑟王就跌到黑水中，四肢都被毒蛇蟲獸纏住了。其實雖然個人命運看似難以預料，整個宇宙運行的法則事實上卻非常有秩序，如同賭客到拉斯維加斯賭博，每個人輸贏看手氣，最終的莊家賭場卻總是賺錢。也好比幕後控制亞瑟王輪子的那雙手，接下來到底要往哪裡轉，那雙手總是知道。

命運之輪轉動不停，出現的時候表示轉變。正位的時候，這個轉變似乎是幸運的，如同它的占星對應木星，也代表幸運；逆位的時候，似乎是不幸的。所以在占卜上，命運之輪正位時，猶如輪子往上轉，在感情方面，給雙方一種姻緣天註定的感覺，也許一見鍾情，也是新的開始。工作財運方面也常有意外的驚喜。逆位時，猶如輪子往下轉，此時就沒那種好運了，而且當事人有可能拒絕轉變，拒絕接受這亙古不變的運行猶如逆天而行，絕對贏不了。所以建議當事人，別忘了輪子總是不停的轉，此時幸不幸在長遠來看也許會出乎意料，因此請接受這個改變，找出最適當的對策。

轉變無論幸或不幸，總是一個契機。此時面臨人生的轉振點，最好把握改造命運的良機。正位的時候，顯示當事人能夠把握難得的機會；逆位時，可能暗示當事人無法把握良機。此時建議當事人，人生無常，憂患無益，只有把握當下，抓住機會，才是最重要的。如果有事情很久沒有解決，命運之輪出現帶來轉變，帶來機會，帶來好運道，很有可能獲得極大的進展，而且這進展通常不是努力得到的，反而像是莫名其妙從天上掉下來的。

命運之輪是10號牌，是二位數字的頭一個，因此命運之輪是大牌的一個新的循環，也是1號魔術師（新開始）的再現，同時更隱含了0號愚人的無限潛力（10=1+0=1）。無論時局如何變遷，所有的現象都只是暫時的，新的循環隨時會再開始。

逆位解析

逆位的命運之輪，就像是輪子往下轉，於是幸運變成不幸，善緣變成孽緣。除了前面提過的猶豫不決而無法把握機會、不能接受改變的意義之外，也可能代表失敗、報應、沒有進展，尤其不宜做投機之事，例如賭博。但是，無論如何，運勢下降都只是暫時現象，在短期的眼光看是壞事，長期來說很可能是好事。面對命運的改變，我們在此時恐怕沒什麼可做的，唯有順命，並且相信這一切的安排都是為了更長遠的目的。

註1：哈托爾女神是埃及的女神，掌管音樂、愛與美。相當於希 臘神話的維納斯。

註2：又稱赫密士阿努比神（Hermes-Anubis）。古希臘人將阿努比神跟希臘使神赫密士混淆。

正 義
JUSTICE

決 定　正 義　平 衡　法 律

牌面描述

一個女人端坐在石凳上，右手持劍高高舉起，左手在下拿著天秤。身穿紅袍，頭戴金冠，綠色披肩用一個方形釦子扣起。她的右腳微微往外踏出，似乎想站起來，而左腳仍隱藏在袍子裡面。她高舉寶劍，象徵她的決心。

寶劍不偏不倚，象徵公正，且智慧可以戳破任何虛偽與幻象。寶劍兩面都有刃，可行善可行惡，端看個人選擇。左手的金色天秤和披肩的綠色都是天秤座的象徵。手持天秤表示她正在評估，正要下某個決定，同時追求平衡。胸前的方形釦子中間是個圓形，象徵四要素的調和。

頭上的金冠中心有個四方形寶石，加上金冠的三個方頂，加起來得到數字七，代表金星，也就是天秤座的守護星。後方是個紫色帷幕，象徵隱藏的智慧。兩邊柱子象徵正面和負面的力量。

牌義推演

正義對應平衡的天秤座，以及希臘神話中的智慧女神雅典娜（Athena）。
我們也可以將正義看作明辨是非的包青天，或是為所當為、公正無私的
大俠郭靖。在正義牌中，我們可以找到很多對稱，兩個柱子、兩面刃，和
天秤，就連牌中的主角都長得很中性，它的代表星座也是追求平衡的天秤
座。因此正義牌出現時，通常與某個決定相關。問卜者必須用心中的天秤
來衡量各種因素，以做出最好的決定。

通常在決定的過程中，正義牌會用理性思考的方式，仔細分析利弊，因此
她的決定必然是最公正不偏的。此時必須絕對的誠實。這樣追求平衡和公
正的特質，也會反映在待人處世上，正義待人公正誠實而不失厚道。如果
之前被誤會，正義牌出現代表你將討回公道，獲得道歉或賠償。若是逆位
置，可能顯示你仍然受到不公的對待，或是某人對你欺騙或隱瞞，或者待
你極端嚴酷不公又偏心。

下決定的過程並不容易，心中的天秤會搖擺不定，好像正義坐在兩個柱子
中間，善與惡的力量互相拔河，也如同電影中常出現的情節：心中的天使
叫你往東，魔鬼要你往西。一旦下了決定，它就會變成你生命中的一部
份，再也不能擦掉重寫，因此心中這番天人交戰，恐怕不好受。值得慶幸
的是，正義會在一番仔細衡量下，做出最「好」的決定來，她所作的決定
不見得是最輕鬆的，但她一定會負起責任，選擇最「正當」的一條路來
走。如果逆位，則可能決定錯誤、猶豫不決、逃避不下決定、甚至拒絕下
決定。這樣無異於逃避人生的責任。

再仔細看看牌中的女子，她像不像一位法官呢？法律事務與正義關聯密
切，所以正義牌也常與法律事務有關，包括訴訟和各種契約的簽訂。如果
正位，通常可以得到公平的待遇；若是逆位，則可能裁決不公或是敗訴，
契約也可能有詐。必須特別小心。

如果問考試，考試也是裁決的一種，表示你準備多少，分數就多少。如果問戀情或婚姻，可能代表雙方關係進入法律程序——結婚或離婚。問財運，可能表示收支平衡，或是付賬、繳稅、簽訂合約等，不宜投機。如果正在做決定，正義建議當事人運用分析力，列出所有的優缺點，好好衡量一番，或是建議作出最公平公正的決定。正義如果代表人物，會是任何與法律事務有關的人員、正在下決定的某人、還你公道的人。

正義也可能表示追求生活和心靈的平衡。正義是一張相當理性的牌，她會接受自己的過去，並負起該負的責任。正義就是為所當為。

正義編號11，是22張大牌的中心。11也是更高一層的1，還進一步隱含2（11＝1＋1＝2）。因此正義牌可以視為魔術師和女祭司的綜合體。正義高舉右手，像是魔術師高舉法杖。她後面的帷幕和柱子，與女祭司身後的背景非常類似。她和女祭司一樣坐著，卻踏出一隻腳似乎要和魔術師一同站起。她雖是女性，卻擁有中性的面貌和裝扮。這些全都點出正義的主旨——平衡。

逆位解析
如果逆位代表人，可能是任何懷有偏見與私心的人、騙子、逃避責任的人、優柔寡斷的人。

正義牌出現，提醒你要用理性來解決問題，要審慎思考，要負起責任。正位時，能夠得到公平對待；如果逆位，可能顯示當事人逃避決定，逃避責任，或是受到不公的對待。如果正面臨法律問題，情勢可能對己不利，此時絕對不能擅自主張，最好聽從專家意見。如果正要面臨考試，事前必須比別人更努力，才能改造命運。

吊人
THE HANGED MAN

犧牲 等待 換個角度 以退為進

牌面描述

吊人圖案簡單，涵義卻深遠。我們看到一個男人在一棵T字形樹上倒吊著。他兩手背在背後，形成一個三角形。兩腿交叉形成十字。十字和三角形結合在一起，就是一個煉金符號，象徵偉大志業的完成，也象徵低層次的慾望轉化到高層次的靈魂（煉成黃金）。

紅褲子象徵身心靈中的「身」，也就是人類的慾望和肉體。藍上衣即身心靈中的「心」，象徵知識。他的金髮和光環象徵智慧和心靈的進化，也就是「靈」。金色的鞋子則象徵吊人崇高的理想。

牌義推演

在某些版本的塔羅牌中，吊人就是神話中的奧丁（Odin），他身後的樹就是北歐神話中的義格卓席爾巨樹（Yggdrasil），也稱作世界之樹，由地獄（潛意識）開始生長，經過地面（意識），直達天庭（超意識）。還記得皇帝右手拿著一根象徵生命的古埃及十字架嗎？古埃及十字架代表希伯來的第十九個字母Tau，是屬於世間的一個字母，而吊人倒吊的T字樹，正是它的下半部，表示吊人仍然是入世的。

把吊人顛倒來看，吊人就不再是倒吊的了，他的姿態看起來相當類似世界牌中的舞者。這暗示吊人最終仍能在世界牌中轉正，看到事物真實的模樣。吊人和命運之輪及正義三張牌，都可以看做大阿爾克納的中點。命運之輪是轉捩點，正義是中心，而吊人的編號12正是世界21的相反，他是倒吊的世界。12號的吊人是2號女祭司的高一層，他們都懂得靜默與順應的精髓，而吊人無論內在或外在，都比女祭司更加的無為。吊人和愚人也有共同點，他們都敢於與眾不同，做自己想做的事。愚人主要出於本能，而吊人出於深沉的理解，因此他不畏懼世人的眼光，把自己吊在樹上。

吊人與占星的對應是水要素，具有順應無為的特質，也有人將其對應海王星，是顆代表犧牲與理想的星。在占卜上，吊人主要有犧牲的意義。他並不是被強迫的，而是出於自願。仔細看他的表情，如此寧靜安詳，還有他頭上的智慧光環，顯示他在精神上的理解已經超越常人。他不掙扎，也不想掙扎，因為他明白隨犧牲而來的將是更有價值的收穫。以不變應萬變，不採取任何行動，才是吊人的作風。

吊人對應北歐神話中的奧丁，他曾經把自己吊在世界之樹上九天九夜而獲得符文，藉由犧牲來獲得更高的知識和智慧，所謂「捨得」，就是有捨才有得。

吊人也是希臘神話中的普羅米修斯（Prometheus），為了送火給人類，被宙斯綁在高加索岩峰頂，百般折磨，但他從不屈服，因為他的身體雖受束縛，心靈卻是自由的。另有一說是吊人就是被倒吊釘在十字架上的聖彼得。無論是奧丁、普羅米修斯，還是聖彼得，吊人就是這麼一位崇高的殉道者。我們可以將他視為文天祥，或是復國前的句踐，他們都為了更高的理想，而忍得他人所不能忍。

吊人懸吊著，一動也不動，因此吊人也代表等待、拖延、懸置、遇到瓶頸、無法下決定。此時莫急躁，吊人的主要課題就是以退為進，藉由放手

可以贏得更多，藉由退讓我們可以取得控制權。激進行動或任何大刀闊斧
的舉動，在這個時候不會有幫助。

吊人頭上腳下，用不同的角度看世界。所以吊人也建議我們換個角度思
考，換個角度看世界。很多事情都是一體兩面，換個角度看，你將看到不
同的景觀。吊人出現，提醒我們要保持彈性，不要使用從前僵化的思考模
式。

吊人出現，也許當事人正在受苦或處於瓶頸階段，但是他能夠保持平靜，
做自己想做的事。感情占卜上，吊人可能代表暫時沒有進展，或是一位需
要默默等待的人。

逆位解析

吊人逆位，表示犧牲可能無法獲得回報，或是受苦和瓶頸時期的結束，也
可能表示當事人沒有吊人的智慧，無法放手，卻苦苦掙扎，鑽牛角尖，企
圖與命運搏鬥。

逆位吊人提醒我們掙扎無益，應該相信經過犧牲之後的回報將更豐碩，應
該換個角度，靜靜等待生命即將帶給我們的禮物。

此外，吊人逆位，他就不是倒著看世界了，因而失去他獨特的智慧。最
後，吊人逆位可能表示當事人受到社會眼光制約，不敢做自己真正想做的
事。

死 神
DEATH

結束 轉變 新生

牌面描述

傳統的死神牌，通常是由骷髏人拿著鐮刀來代表，而偉特將死神的意象提升到更深一層的境界。最顯眼的就是那位騎著白馬的骷髏騎士。他身邊有四個人，國王、主教、女人、小孩，象徵無論是世俗或出世、男或女、老或少，都逃不過死亡這個自然現象。

國王抗拒死亡，被骷髏騎士踐踏過去；主教的權杖掉在地上，雙手合十崇敬死亡；女人跪下，別過臉不忍看；小孩就是愚人，不懂死亡，好奇的望著骷髏騎士。其中主教可能就是編號五的教宗牌，他掉落在地上的權杖象徵世俗權力遇到死亡時毫無用處，仔細一看權杖頂似乎有三層圓圈，和教宗牌戴在頭上的權冠相同，而主教頭上戴的帽子狀似尖尖的魚頭，代表雙魚世紀的結束，也可能暗示死神牌關聯的希伯來文Nun，意思是魚。跪著的女人可能是力量牌中的那位女性，她們的衣著與頭冠都極為相似。

再回到骷髏騎士，他頭上那根紅羽毛和愚人所戴的是同一根，他的旗幟是黑色背景，象徵光芒的不存，上面五瓣薔薇的圖案是薔薇十字會的圖騰，關於此圖騰的說法眾多，可能是代表隨著死亡而來的新生，另一說是象徵

火星與生命力，還有一說是象徵美麗純潔與不朽。遠方的河流就是流經伊
甸園的四條河流之一，稱為冥河（Styx），象徵川流不息的生命循環。河
上有艘船，船的上方有個類似洞穴的地方，右方有個箭頭（在死神的腳跟
處）指向洞穴，這個洞穴可能是「神曲」一書中但丁前往陰間的通道[註
11]，而牌中右方一條小徑通往兩座塔中（月亮和節制都有相同背景，這兩
座塔也是女祭司背後的柱子），代表通往新耶路撒冷的神秘旅程。象徵永
生的朝陽在兩座塔間升起，似乎在告訴我們死亡並不是一切的終點。

牌義推演

人們害怕死神牌，就像害怕牛頭馬面和黑白無常一般。死神編號13，在西
方是不祥的數字，13也是更高一層的3，在皇后與死神牌上，我們可以看
到生命的開始與結束。

偉特牌的死神充滿各種象徵，與天蠍座對應，無論如何，最主要的牌義就
是結束。結束可以有很多種形式，可以是某種生涯的結束，例如畢業、搬
家、轉職、結婚（結束單身）；可以是關係的結束，例如分手、離婚、拆
夥；可以是習慣的結束，例如戒菸、戒酒、戒賭、戒色；但肉體死亡的涵
義在占卜上則非常罕見。結束其實只是一種自然現象，所謂天下沒有不散
的筵席，再長壽的人瑞也終有離開的一天，沒有人能逃脫。但是，這個課
題對大部分的人來說，都是最艱難的課題。因為人是習慣的動物，要把過
去的習慣切斷，好比錐心刺骨之痛。

從另一方面來看，結束其實也只是一種轉變。世界上唯一不變的就是改
變，所不同的只是改變的快或慢而已。慢慢的改變，不會有什麼感覺；但
突然間的改變，卻使人難以接受。結束就是最突然的改變，頃刻之間，必
須迫使你立刻放棄某種事物，無論你願不願意。如此轉變令人難以承受，
對未知的恐懼在所難免，但這個課題每個人都必須要學。

死神騎著一匹白馬，白色是最純淨的顏色。的確，死亡就像一個橡皮擦，把過往的所有事物都擦掉了，使一切都重生，一切都如白紙般重新來過。所謂「上帝在你眼前關上一扇門，必定為你打開另一扇窗」，死神就是這麼一種新生，好比院子裡長滿雜草，也許我們都已經習慣，但是如果不把雜草根除，怎麼會有開滿芬芳花木的一天呢？古諺云：「置之死地而後生」，又云「不經一番寒徹骨，焉得梅花撲鼻香」。可見古人早已深明此理。死神對於戒絕過去的惡習，是張非常完美的牌。如果過去曾經有不堪回首的往事，死神能讓你重新來過。

儘管難受，世間萬物沒有恆久不變的道理。死神指出過往某種事物的結束，而我們的課題就是要承認、接受、在新生涯中找到新的快樂，也許你會發覺結束的事物原來沒有自己想像得那麼好，進而慶幸自己的嶄新生活。

逆位解析

死神逆位通常表示當事人不願接受結束的事實、不肯放手、頑固、恐懼改變、沉溺在過去而不願展望未來。也可能表示原本應該進行的改變停滯了，形成僵局。另一方面，激進的人為了抗拒改變，可能會採取激烈的舉動。

死神逆位提醒我們，不願往未來前進，不僅無法成長，更會阻滯新生活的開展。此時應該要停下來思考，自己害怕的究竟是什麼？遲遲不肯放手，只會讓最終的結束過程更加痛苦。既然無法避免，不如早點迎向新生活，將來回過頭，你會驚訝當初的自己為何這麼想不開。

註1：在但丁神曲一書中，開頭但丁發現自己在森林裡，就像是牌中洞穴旁的樹林。後來但丁極力想爬上山巔以便更接近上帝，他的嚮導維吉爾（Virgil）出現，提醒他必須尋找其他的路，而後引領他進去地獄，也就是死神牌中的洞穴。這段故事象徵自我的死亡需要經過一番神秘之旅。

節 制
TEMPERANCE

中庸 調和 溝通 教學 旅行

牌面描述

十四號的節制牌,出現在死神牌之後。大天使麥可手持兩個金杯,把左手
杯中的水倒入右手杯中。金髮的天使身著白袍,背長紅翅膀,胸前有個方
形圖案(土要素),中間是個橘色的三角形(火要素),同樣的圖案在正
義牌中也可看到。天使頭上則戴個圓形圖案,中間有一個小點,是鍊金術
中代表黃金的符號,也就是終極目標。天使臉上閃耀著和諧的光輝,怡然
自在,他/她的右腳踏入象徵潛意識的池塘中,左腳站在象徵顯意識的岸
邊石頭上,代表兩者之間的融合。塘邊生長一叢愛麗絲花。遠方有一條小
徑通往淡藍色的兩座山間,雙山頂間閃耀著王冠般的金色光芒,類似如此
的圖像也曾出現於前一張死神牌中的小徑、雙塔與朝陽。戀人與審判牌中
也有天使的出現。另外,大天使對應希臘神話中的彩虹之神,暴風雨後的
彩虹,意味著節制牌已經從死神帶給我們的恐懼中超脫出來了。整張牌帶
給人寧靜祥和的感受,讓人們明白死亡之後終獲新生。

牌義推演

節制意味著古人講的中庸之道,凡事不要太過與不及。這並非出於強自壓
抑得來的合宜舉動,而是自然流露的氣質特質。節制的英文字根來自拉丁

文，意思是「調和」。具有節制牌特質的人，不需要在生活中的各種情境中替換不同的面具，也能夠自然順應，行為恰到好處，恰如大天使把兩個杯子中的水混合在一起。舉個更具體的例子來說，現今社會中，女性要同時兼顧母職與事業似乎很困難，節制牌就表示當事人可以同時扮演好媽媽與女強人的角色。在某些版本的塔羅牌中，上方的杯是銀杯，代表月亮，下方的是金杯，代表太陽，而兩杯水混合，象徵陰陽的調和。

節制牌對應占星學中的射手座，愛好旅行。我們把圖像放大來看，池岸就是大陸，池水猶如大洋。天使的腳踏在岸上與水中，也可以象徵旅行，尤其是跨國或洲際旅行。

節制編號14，是更高一層的4，所以4號牌中，皇帝高壓統治，節制則溫和民主。節制也同時隱含5（1+4=5），所以節制和教宗都有教學的意味，只是教宗側重團體學校教育，節制則重視意見交流的過程。

節制也象徵溝通，可以從兩杯中交流的水，以及天使雙足各踩在水中與岸上聯想出。而且，大天使本身也負責神與人之間的傳達。其實，兩種不同性質的能量也可以交流順暢，適應良好，因此節制也可以象徵成功的異國友誼、戀情或婚姻，以及成功的跨國事業、文化交流與國際合作。再進一步來說，節制也意味教學，教與學不正是溝通的一種嗎？

在一般問題的占卜上，節制通常與溝通和協調相關。無論在感情或工作中，都需要保持彈性，敞開溝通的管道，多交流意見，與對方協商，消除對立，創造雙贏。在商業上，節制與跨國貿易或旅遊業有關。節制具有強大的適應力，當事人在各種情況中，都可以應付自如。健康方面，節制具有療癒的能力，如果有舊傷或老毛病，將能隨著時間逐漸康復。

逆位解析

節制牌逆位，中庸之道不再，當事人容易走極端，走偏鋒。再者，溝通不良或適應不良的情形也極易發生，不能與人妥協。其次，象徵情感的水出現在上方，表示當事人不理智，容易流於情緒化，失去耐性。健康方面，當事人可能因為過度做某件事而導致傷害，例如運動過度或飲酒過度。

惡魔
THE DEVIL

慾望 束縛 沉迷 物質主義

牌面描述

在惡魔牌上，我們看到和戀人相似的構圖，只是戀人牌的天使在這裡換成了惡魔，而亞當夏娃已然沉淪，上天的祝福變成了詛咒。牌中的惡魔有蝙蝠翅膀、羊角、羊腿和鳥足，象徵動物的本能與天性。牠的驢耳則代表固執。惡魔頭上的倒立五角星，頂端指向地面，代表物質世界。惡魔右手向上擺出黑魔法的手勢，與教宗的祝福手勢形成對比。

手心的符號代表土星，限制與惰性之星，也是魔羯座的守護星。惡魔左手則持著火炬，同樣向下導引到物質世界，似乎在煽動亞當的慾望。注意惡魔坐的地方並不是三度空間的立方體，而是二度空間的長方形，象徵人們只看見感官所見的現實，卻非全部的真實，好比瞎子摸象。前方的亞當夏娃同樣長出角和尾巴，顯露出野獸本能。

亞當的尾巴尖端是朵火焰，夏娃則是葡萄，都是戀人牌樹上結的果實，表示她們誤用了天賦。兩個人被鐵鍊鎖住，乍看無處可逃，但仔細一看，其實繫在她們脖子上的鍊子非常的鬆，只要願意，隨時可以掙脫，但她們卻沒有，表示這個枷鎖是他們自己套在自己身上的。惡魔牌背景全黑，光芒不存，代表精神上的黑暗。

牌義推演

惡魔對應占星學中的魔羯座，和希臘神話的牧羊神潘（Pan），代表對外在物質的慾望，無論是功名利祿，還是酒色財氣。15號的惡魔是更高一層的5號牌，它們用不同的方式在闡述同一個主題，表現心靈與物質的對立。在教宗牌，性靈提升；在惡魔牌，慾望沉淪。

惡魔牌中，心靈上的追求完全被忽略，對物質的追求才是重點，人變得盲目了。不過，這並不表示惡魔是完全的惡，在現今功名掛帥的社會，惡魔經常表示名利權位的求取成功，而這會是許多人的心之所向。愛情方面，惡魔代表的可能是一種束縛性的關係，也許是當事人明知不好，卻拒絕結束一段早該結束的感情關係；或是一方經常限制另一方；也可能代表有性無愛，或是用錢買來的關係。在最好的情況下，惡魔能夠成為企業鉅子；在最糟的情況下，惡魔就像是《笑傲江湖》中的岳不群，為了權位，不擇手段，最後身敗名裂。

也許追求物質的人不會意識到，在追求的過程中，他反而被束縛住了，變成物質的奴隸。可能為了討好上司而卑躬屈膝，為了賺更多錢而日夜疲累，為了當選不惜下跪求票。所以惡魔可以代表小氣鬼、勢利鬼、利慾薰心的人、貪心人、奴隸或工作狂。這些人不知道的是，財富原本能夠讓人生活得更自由、更快樂，人們卻經常本末倒置，以為財富代表一切。有了這種觀念，就會變成惡魔牌上的亞當夏娃，自己給自己加了鐵鍊，自己限制自己。殊不知唯有放下執迷，才是大自由。

在這裡我們也可以看到無知和無助。無知來自無法看見真相，只看到惡魔坐的二度空間方形，而非真正的立方體，好比利慾薰心之人總是盲目，他只看得見物質。另一方面，被他人強迫鎖住是一回事，不願離開自己加諸自身的束縛，才是完全的無藥可救，才是真正的無助，因為即使有人想救，也救不得。

對物質的過度追求也會演變成癮，舉凡酒癮、毒癮、色癮、賭癮、煙癮，或是各種形式的沉迷，也都是限制與枷鎖。君不見許多最後進了牢房的可憐人，起因都是為了滿足癮頭。惡魔存在於每個人的心中，每個人都或多或少會有某些慾望想滿足，輕微的時候不會造成具體的惡果，但當惡魔的勢力掌控人心，也就是情勢失控之時。因此我們需時時注意控制自己心中的慾望。

惡魔是一張物質的牌，此時靈性墮落，物質掛帥，人變的現實而勢利，好像除了這些，其他都不重要。前面提過，對外在物質的追求在現今社會被視為一件正當的事，甚至是件好事。

問事業學業或金錢，惡魔出現常是好徵兆，表示當事人真的很渴望、很認真、很努力的去求取。但是惡魔出現同樣提醒當事人，請反省自己是否過度執迷某件事、某個人、某個東西或某種模式。請思考自己是否利慾薰心，變成那些事物的奴隸，甚至使用不正當的手段求取。惡魔牌提醒我們：別讓自己變成物質成功卻心靈貧乏的盲目之人。在感情上，惡魔常表示當事人在感情中沉迷，受到致命吸引力的誘惑，即使這段感情是不正常或不健康的。也可能表示這段關係的結合是為了現實考量，也許是金錢或性慾。在不好的情況下，可能一方把另一方當成奴隸般控制，甚或在生理或心理上虐待對方。

逆位解析

惡魔逆位，火炬和五角星頂端都朝上，套在脖子上的鐵鍊也會脫落。因此代表脫離物質的束縛，思想開放，得到自由，但較不利於求取功名利祿。另一方面，惡魔逆位也可能比正位更加的邪惡與墮落，如果說正位惡魔會透過努力來滿足慾望，逆位置可能就會使用不正當的方式，甚至犯罪或出賣肉體來得到所求之物。

塔

THE TOWER

劇變

遽變 災難 破壞 天啟

牌面描述

一座位於山巔上的高塔，被雷擊中而毀壞，塔中兩人頭下腳上的墜落。塔頂有個王冠受雷殛而即將墜落。塔象徵物質，王冠象徵統治和成就，也代表物質與財富，受雷一殛，便蕩然無存。天上的落雷是直接來自上帝的語言，兩旁的火花有二十二個，象徵塔羅二十二張大牌。灰色的雲降下災難之雨，不分性別階級，平等的落向每一個人。背景全黑，這是一段黑暗的時期。

牌義推演

塔的意象經常讓人聯想到聖經創世紀中巴別塔的故事【註1】，以及近代的911事件，著名地標雙子星大樓在瞬間傾垮。塔對應具有破壞力的火星，首要意義是遽變，通常是外在突如其來的改變，經常是當事人無法控制的，而且衝擊可能深入內心，影響當事人的整體價值觀與信仰，而失去安全感。

要想走出成功，必须坚持正确道路 不可逆天命行

塔的編號16，是更高一層的6號，對照戀人牌，不難看出在戀人牌中的男女受到天使祝福，在塔中的兩人卻受到上天的懲罰，似乎暗示純潔愛情的結合將受祝福，而自私逆天的舉動將遭報應。塔也隱含7號（1+6=7），在戰車牌中，運用意志追求正當的勝利，將獲得成功；而塔中人們不只追求成功，還妄想超越上帝，逆天而行，終於導致失敗。這讓人聯想到，現代科技帶來生活便利，但人類若是濫用之，終將自食惡果。

天災人禍、失業、意外、變故，在宏觀的角度來看，這些改變都是有意義的，但是極少人能樂於接受這些災難。當塔出現，在怨嘆這種事怎麼發生在自己身上的同時，別忘了，狹窄的灰塔其實像座監牢，突然的雷殛雖難受，但卻釋放了身在牢中還以為是福的人們。此時請細聽上天的訊息，事件背後的深層意義將會浮現。

沒有非常的破壞，就沒有非常的建設。破壞的過程很痛苦，但為了光明的前景，短暫的痛苦也值得。好比政府如果開始大力整頓交通，人民得先度過一段交通黑暗期，才能享受交通順暢的快感。又好像在創建一個理想國之前，得先經過一番慘烈的革命。在占卜上，塔通常意味當事人面臨危機，經歷遽變。在感情上，突然爭吵、分手，或是外在環境改變影響雙方感情，例如雙方家長大力反對，或為了工作或學業必須與情人相隔兩地。在工作方面，突然遭遇打擊。在健康方面，塔可能代表疾病突然發作、意外、住院，或在自然災害中受傷。

幻滅是成長的開始，塔則提供成長之前的幻滅。有一個真實的故事是這樣的：一位生長在美國南方的富裕青年，從小深受種族歧視的影響，極端憎恨黑人。在一次意外中，青年失去了雙眼，但他自此以後能夠純粹看見人的內心，不再以貌取人。最後他結婚了，與他走過紅毯的正是一位黑人女子，兩人並且白首偕老。這個故事正是塔的寫照，失去了雙眼，卻看見更多。

塔的課題不容易，畢竟人受限於習慣，一旦日常生活模式受到預料之外的破壞，一定非常難以接受。但是塔也帶來天啟，這可能是極為難得的機緣。

逆位解析

塔逆位的意義與正位類似，但是改變不如正位的劇烈。可能是當事人深自壓抑，控制事態的發展，然而這不一定是好現象。盲目壓制會讓自己失去寶貴的體驗，最終可能演變成偉特所說的，當事人把自己囚禁在塔裡。

註1：古代天下語言都是一樣，人們基於自私的動機，商議建造一座通天塔，耶
　　　和華於是使人們語言不通，於是建塔工程就停頓了。

星星
THE STAR

寧靜 和平 信心 希望

牌面描述

一位赤裸的金髮女子，左膝跪在象徵顯意識的地面上，右腳踏在象徵潛意識的池水裡。她左右手各持一個水壺，壺中裝的是生命之水，她右手壺的水傾倒入池，激起陣陣漣漪，左手壺的水則倒在青翠的草地上，分成象徵人類五種感官的五道水流，其中一道又流回池塘，再度充實潛意識之泉。她身後有棵樹，樹上有隻象徵智慧的朱鷺，同時也代表埃及神話中的托特之神，是藝術的創造者。女子的後方是一片廣闊開滿花的草原，和一座山脈，天空一顆巨大的金色八角星，七顆白色的小八角星則環繞四周。

牌義推演

星星對應占星學的水瓶座，在大牌中編號17，我們可以將其視為更高一層的7號戰車牌，星星已經超越了戰車用強大意志力控制外在環境的階段，而保持純然的內在信心與寧靜。在數字學中，17等同於8（1+7=8），我們也可以從空中的八顆八角星看出這隱含意義，所以星星也代表更高層次的力量牌，在力量牌中內心難以掌控的慾望（獅子）已經不復存在，有的只是怡然自得的心情。

星星與節制牌有相當多共同點。兩張牌都出現在危機之後，牌中兩位人物都是手持水壺，一腳在陸地，一腳在水中，但星星比保持中庸的節制更加開放自由。星星中的女子一絲不掛，無所隱藏，沒有任何束縛；她將水毫不保留的倒入池水和地面，彷彿水壺將永不乾涸，而節制所傾倒的水卻侷限於兩杯之中；再者，星星出現於塔牌之後，處於牢籠般的塔中人被閃電所釋放，終於在星星中得到真正的自由。

星星出現於塔牌之後，當塔牌中所有世俗的價值觀都崩解後，反而讓人的心靈騰出空間來放置自己真正需要的東西。星星是劇變後的寧靜，春天終於來臨。有時候當人一無所有時，反而才無所畏懼，因為他已經沒有東西可以失去了。當他擺脫世俗的功名利祿及社會的期許，才真正閒適自得，了解何謂「危機即轉機」的道理。就像潘朵拉的盒子故事所揭示的，當潘朵拉魯莽地將盒子打開，讓負面的事物都跑到人間時，起碼盒中還留有一份「希望」。

星星代表希望、和諧、療癒、平穩、寧靜與安祥，也與靜坐冥想相關，這些並非外顯的行動，而是內在的狀態。星星代表當事人與潛意識產生連結，即使他自己沒有感覺到。有一派説法認為星星的牌義是毀滅與失落，這是由於星星與塔牌經常互相隱含。也就是説，塔的危機發生之後，往往出現更深層的寧靜感；而星星的希望與信心，通常是發生於危機之後，即使牌陣中只出現兩者之一，但另外一張牌的意義依然隱含其中。因此，如果當事人正處於一場劇變時期，感到極大的痛苦，星星出現是一個很好的徵兆，表示當事人即將能夠順天知命，在劇變之後，找到一個新的出口，並且在情緒上保持和諧穩定。如果生病，星星表示將能平靜的療癒身心。

星星給我們的課題是，如何處在人生風暴中，又能堅守信心，保持希望，不讓外在的世界影響內心的寧靜。要以更宏觀的角度看待目前的逆境。即使是處於黑夜閃電擊中高塔那樣可怕的情境中，也要相信，過不久天色即

將明朗，大地終能鳥語花香，你將能夠安然地傾倒源源不絕的生命之泉。

逆位解析

星星逆位，表示當事人失去保持內在信心的能力，與潛意識的管道斷絕，希望不存，只剩絕望與沮喪。當事人會變得不信任他人或自己的能力，只相信表面的價值觀。再者，當信心不存，內心的自卑可能表現為外在的自大，當事人可能會以睥睨一切的態度來對待他人。此時當事人應理解到，內心越完滿之人，行事越圓融。

月亮
THE MOON
———

幻覺 不安 恐懼 神秘 危險
隱藏的敵人

牌面描述

相較於其他的牌，月亮整體呈現的圖面經常令人感到詭異。近景是一隻龍蝦爬出池塘的景象，龍蝦象徵比恐懼和獸性更深的情緒，偉特說牠總是爬到一半又縮回去。中景處有頻頻吠叫的一隻狗和一匹狼，分位於左右兩邊，分別象徵人類內心中已馴化和未馴化的獸性。

中間有一條通往兩塔之間，延伸向遠處山脈的小徑上，這條小徑是通往未知的出口，只有微弱的月光映照著。一輪月亮高掛空中，總共有三個層次，最右邊的是新月，最左邊的是滿月，而中間的女人臉孔則是偉特所謂的「慈悲面」，從新月漸漸延伸向滿月，越來越大。月亮的外圍則有十六道大光芒和十六道小光芒，其下有十五滴象徵思想之露珠。

牌義推演

月亮牌與占星學的雙魚座對應，與通靈、神秘與感受性相關，也對應希臘神話中的月亮女神阿提蜜絲（Artemis）。

月亮編號18，是更高一層的8號力量牌，在此可以與17號星星牌

（1+7=8）做個比較。月亮和星星兩張牌都隱含數字8，然而，這兩張牌用不同的方式來表現力量的含意。在星星牌中，獅子的獸性蕩然無存；月亮則將那頭獅子帶入最荒涼的曠野，讓牠恢復原有的獸性，面對最原始的恐懼。在數字學中，18也隱含9（1+8=9），因此月亮牌也與9號隱士牌有所關聯。

如果說隱士登上高峰以追尋最高的意識，月亮就是進入人心的最深處探索，而其中往往藏有很多令人意想不到的事物，有些甚至不怎麼令人愉悅。

月亮在現代社會中，令人聯想到浪漫的夜晚，但這並不適用於塔羅牌裡的月亮。相對於太陽給人光明積極的感受，月亮帶給人們的感覺則微妙並且怪異許多。雖然月亮映照的是太陽的光亮，但卻變得微弱而隱晦。在英文中，lunacy字義是精神錯亂或瘋癲，這字根正是來自拉丁文的月亮luna，何以月亮予人如此印象？我們可以想像狼人對著滿月呼嚎的毛骨悚然畫面。在滿月時，犯罪率和自殺率高漲，精神病也更趨嚴重，已是經過統計的事實。在夜晚月亮出現時，也常是最讓人感到害怕的時候。

人類最深的恐懼往往來自未知。在圖面中，僅有月亮微弱的光亮映照著路面，而路的終點則是未知，即使它通往的是出口，也少有人敢在夜晚前行，因為我們看不見前方是什麼。守在路中的狗與狼也感受到恐懼，對著月亮吠叫，牠們代表人類內心的獸性，其中多半是非理性的情緒。而在池水中若隱若現的龍蝦也顯示出，最讓人感到恐懼的時刻，是在面對未知時，而非敵人已經出現之後。就像我們在觀看恐怖片時，鬼怪尚未出現，反而是讓人感到精神最緊繃的時刻。

在占卜時，月亮出現，經常表示當事人感到不安、迷惑與恐懼，可能是面對未來的迷惘，或是面對陌生情況的不安。有時候代表隱藏的秘密、危險或敵人，發生誤會與欺詐，甚至出現莫名其妙的謠言中傷。

在感情上，通常代表當事人對感情懷有恐懼，沒有信心，不安而情緒化。面對這些情況時，人的本能為了求生存，常常作出不理智的舉動。此時，必須明白，在月亮之後，19號的太陽牌即將升起。唯有清楚太陽才是我們最終目標的人，才能夠通過月亮的考驗。就像奇幻小說《魔戒》的探險隊出發時，必須經過猶如月亮牌所代表的漫長驚險旅程，劇中人只有抱持擁抱太陽的信念，才能撐到最後，達到月亮最終的目標——再度回到光明中。而月亮雖隱含9號隱士牌，但隱士在此並不出現引領我們，因為潛意識深處的恐懼，終究必須由我們自己來面對。

另一方面，月亮也象徵潛意識，我們在月亮牌中進入未知的潛意識探索，可能是藉由夢境、幻想，或是藉由體驗特殊的情緒與恐懼。月亮出現可能表示當事人經歷奇異的白日夢、幻覺、通靈、夢境、或各種怪力亂神之事，也可能體驗靈魂出竅、發生離奇的巧合、接受催眠治療等特殊經歷。有時候當事人會感到創作靈感源源不絕，想像力大幅增強。以上這些都是與潛意識接觸的媒介，此時不應抗拒或否認，而應好好把握這探索潛意識的良機。

逆位解析
月亮逆位時，首先當事人可能否認這些與潛意識接觸的事件，嘗試用唯物主義的觀點來解釋一切，他不相信任何看不見摸不著的事物，也等於關閉了自己與萬能潛意識的溝通管道。其次，在逆位時，隱藏的事物將逐漸浮現，無論是暗藏的敵人、危險、謊言或謠言，都將一一浮現，而變得較不具危險性，因為當它浮出檯面時，當事人反而知道該如何應對。雖然月亮的曖昧不確定性仍在，當事人仍然會感到不安，但程度稍弱。

太陽
THE SUN

———————

成功 自由 快樂 團體

牌面描述

可愛的裸體孩童騎在馬背上,跨越灰色的圍牆,臉上帶著微笑。孩童頭上
戴著雛菊花環,以及一根紅色的羽毛。這根羽毛就是在愚人與死神出現的
同一根,象徵太陽牌已經跨越了死亡的界限,而重獲新生。圍牆後面種滿
向日葵,裡頭是一座人造的花園,而孩童躍離了花園,代表他不需要這些
人工的產物,他是最純真、自然、不需隱藏的,如同他一絲不掛的身體。

向日葵共有四朵,象徵四要素與小阿爾克納的四個牌組。有趣的是,四朵
向日葵是向著孩童,而不是太陽,表示這位快樂的孩童已經擁有足夠的能
量讓向日葵追隨。馬匹背上沒有馬鞍,孩童不用韁繩控制牠,甚至連雙
手也不用,顯示馬匹象徵的能量已經受到充分控制。孩童左手持著紅色旗
幟,左手象徵潛意識,紅色旗幟象徵行動,表示他已經不用像戰車那樣用
象徵顯意識的右手來掌控,他可以輕而易舉、自然地用潛意識控制一切。

背景的太陽是生命的源頭,萬物賴以維生之源,總共有21道光芒,代表愚
人以外的21張大阿爾克納,仔細一看在上方羅馬數字的旁邊有一道黑色的
曲線光芒,代表愚人(另有一說是太陽中心圓形的部份是愚人)。美國塔

羅家Mary K. Greer提出,太陽牌中還藏有一個小秘密,在圖中右下方,畫家簽名的下面,圍牆陰影顯現出LOVE四個字母。非常不起眼,請大家來尋寶。

牌義推演

太陽,顧名思義,對應占星學中的太陽和希臘神話中的太陽神阿波羅(Apollo),充滿所有積極正面的力量,溫暖而光明。值得一提的是,在比較古老的塔羅牌版本中,太陽牌中有兩位小孩,與占星學的雙子座相關,但偉特改成僅有一位,這樣的更改是為了避免原本的曖昧,在此太陽牌就不與雙子座產生關聯,而屬於太陽。19號的太陽是更高一層的9號隱士,隱士只有一盞發出智慧之光的小燈籠,太陽則發出照亮整個地球的光芒,表示隱士在此達到勝利,他的智慧照亮了整個人群。

太陽也隱含10號命運之輪(1+9=10),和1號愚人(1+0=1)。在命運之輪中,我們不確定未來的命運是光明還是黑暗,在太陽中,終於得到全然的光明。而太陽中的新生兒,就是剛踏上人生旅程的愚人,他在此達到成功。

太陽出現,就充滿希望與歡欣的氣氛,所有的事情都一帆風順,而且是全方位的成功。問健康無慮,問愛情可成,問婚姻百年好合,問學業金榜題名,事業更是飛黃騰達。最重要的是,當事人的內心也會感到很快樂。如果是旅行方面的占卜,可能會去做日光浴,或是去炎熱的國家。如果你曾經做過天氣的占卜,太陽當然表示萬里無雲的晴朗天氣。如果代表人的話,太陽可能代表嬰兒、兒童、快樂的人、發明家、重要人士等。

當一切都如此美好,心情就會自由自在,快樂無比。此時,任何簡單的幸福都會帶來極大的快樂。有人問,七十八張塔羅牌中,最好的牌是哪一張?其實每張牌都有它的光明面與黑暗面,不過,太陽牌大概是光明面最多的一張了。

前面提過，在馬賽牌或其他古老版本的塔羅牌中，太陽牌上有兩個孩子。所以傳統上太陽牌也有團體的意義，例如合夥關係、伴侶關係、社團等，而且通常都是非常成功且快樂的團體。但在偉特版本裡，團體的牌義較不明顯。

逆位解析

雖然說太陽如此光明，但過猶不及，任何事情都有隱藏的危險處。太陽雖然帶給我們溫暖與能量，但它也能將人灼傷，將大地烤成沙漠。

逆位的時候，偉特認為太陽仍然具有正位的意義，只是程度比較弱一點。目前在占卜上常用的意義有：小成功、遲來的成功、成功但仍不滿足、得到了才發現不是自己想要的。這時候當事人可能無法像牌中的孩童那樣容易感到快樂，即使他得到了原本企求的，他的大胃口也不滿足。或者是遇到一些小問題，就像烏雲暫時遮住了陽光。你可以像偉特一樣，把逆位的太陽當成一張比正位稍弱的好牌，或者是附加一點負面意義給它，只要是你覺得對，那就是適合你的牌義。

審判
JUDGEMENT

召喚 決定 解放 再生 判斷 因果
業力

牌面描述

天使加百列（Gabriel）在空中居高臨下吹號角，號角口處有七條放射狀
的線，象徵七個音階，能夠將人類從物質世界的限制解放出來，並且療癒
人們的身心。喇叭綁著一張正方形紅十字旗幟，象徵業力的平衡。天使下
方是個象徵潛意識的海洋，在女祭司帷幕後面就曾出現過，如今已接近終
點。

海洋上漂浮著許多載著人的棺材，棺材象徵物質世界的舊模式。棺材中人
全都是灰色的，其中最顯眼的是一位象徵顯意識的男性，含蓄地仰望天
使；一位象徵潛意識的女性伸出雙手，大方迎接天使的呼喚；還有象徵重
生人格的小孩，背對著我們。遠處則是白雪皚皚的高山，偉特說這是抽象
思考的頂峰。

牌義推演

審判牌通常與火要素對應，另一版本將其對應到掌管生死的冥王星。在數字學中，20號是2個10組成的，在10號牌命運之輪中，我們經歷人生的轉捩點，轉變是好是壞，經常是由命運決定的，我們只能盡人事，聽天命。而在20號審判牌中，我們同樣走到紅十字旗象徵的人生十字路口，然而，不管週遭的情況如何，我們往往可以自己做決定，而且心中會感到有種聲音在召喚著，驅使我們走向人生更重要的階段。

召喚，是審判牌的重要意義。就像天使加百列吹著號角召喚大家，當事人會感受到一股召喚力，有時候是來自外界，但多半來自內心。那召喚可能是一份工作、一個想法、一種渴望，或是自我覺醒。這股召喚將會帶領當事人開展人生的新一頁。表現於外時，可能是成功的升遷、轉業、成長；表現於內，則是經過一番內心洗禮，整個人感到煥然一新。有時候審判還可以代表實際的電話或信件，來通知當事人重要的消息。

審判同時也帶給我們重生的機會。抽到這張牌時，可能當事人走到人生的十字路口，必須擁有清晰的判斷力，才能做出最高層次的決定。過去的人生已經走到一個瓶頸，透過回應內心的召喚，將能為自己重新充電。在健康方面，審判可以表示身體痊癒，重新開始。在感情方面，破鏡重圓不是夢。在法律方面，審判通常代表對自己有利的判決。如果想要擺脫什麼人或什麼環境，審判出現，表示時候到了。

審判是張意義重大的牌，表示當事人走到人生的關鍵期。過去的所作所為，將在此時得到應有的回報。就像人死後到陰間見閻羅王，在世時的作為都一筆一筆記在帳上。因此，審判與因果和業力相關，就像期末考，或是畢業典禮，我們在校時的各項表現，將得到總驗收。而透過這場洗禮，過去的帳一筆勾銷，我們將能重新寫下人生的新一章。

逆位解析

審判逆位，首先當事人會抗拒生命的轉變，懷疑甚至否認所面對的召喚，不願做決定。另一個可能則是當事人因為目光短淺，而做出不利的決定。如果過去曾做過什麼不好的舉措，此時也會自食惡果。有時候當事人所面對的生命轉變，確實比較難受，有歹戲拖棚的可能，也許是與親人分離、被迫結束某些事物、敗訴、留級、離家、分手、生病，這都需要多一點時間來調適。在日常生活中，可能錯失重要的訊息，或是受到電話或信件騷擾。問健康，審判逆位不是好徵兆；問手術，結果可能不會成功。問訴訟或考試，己方情況不利，宜多加準備。

世界
THE WORLD

完成 完整 成功 成就 旅行

牌面描述

終於來到愚人旅程的終點。一位赤裸的舞者自由地在空中跳舞,她外貌看起來雖是女的,但在許多版本的塔羅牌中,她是雌雄同體,象徵愚人終於成功將陰陽兩股力量融合。舞者身體纏繞著象徵高貴與神聖的紫色絲巾,象徵神性其實就在每個人身上。

舞者輕柔隨意地手持兩根權杖,象徵進化與退化的力量,她同時具備兩者。舞者身旁環繞著一個橢圓桂冠,桂冠象徵成功,而它圍繞成的橢圓形就像愚人的 0 號形狀,愚人無限的潛力,在世界牌中發揮得淋漓盡致。桂冠上下各有一條紅巾纏繞,形成倒 8 符號,象徵無限與永恆,這在魔術師與力量牌都曾出現過。在圖中四角有人、老鷹、獅子、牛,這些符號曾經在命運之輪出現過,牠們在命運之輪中還拿著書汲取知識,如今在世界牌中完成使命。

牌義推演

世界在占星學上對應土星，代表穩定的力量。世界編號21，與編號12的吊人有許多雷同之處。舞者和吊人的腳都呈現十字交叉姿勢，上半身則形成三角形。在吊人中，他的姿態形成上方十字，下方三角的符號，十字象徵物質，三角象徵靈魂，這表示他受物質的控制超越靈魂；不過，在世界牌，這符號變成上方三角，下方十字，代表靈魂終於能超越物質。另一方面，吊人在面對限制而不能動彈時，雖然維持平靜喜樂的心情，然而，「動」與「變」才是宇宙的法則，在世界牌中的舞者終於能獲得自由，恣意地舞動著，而且清楚界線在哪裡（即桂冠），這才是最符合潮流的情勢。

世界與命運之輪的構圖也非常相似。兩張牌都是以天空作為背景，中央圓形構圖，四角分別圍繞人、老鷹、獅子、牛的圖像。在命運之輪中，人們仍然必須接受命運的考驗，身不由己；但是人們終究在世界牌獲得成功。命運之輪所隱藏的智慧，此時已完全揭露。

世界牌中的舞者，經常被對應到希臘神話中的赫梅弗度斯（Hermaphroditus），如名字所示，他是赫密士（Hermis）和阿芙蘿黛蒂（Aphrodite）之子，後來與仙女合而為一，他的名字也成為雌雄同體的字根。因此，在靈性的層面上，世界意味將人的男性面和女性面結合良好，或是將人力或資源結合良好。

與其說世界代表結束，不如說它是一種自然的完成，是最後的勝利和美好的結局。死神的結束常令人傷心欲絕，但世界的完成卻是踏破鐵鞋無覓處。當事人的可能是事業到達成功的段落，學業順利完成，目標達成，愛情也可能達到一個完成階段，不管是步入禮堂，還是好聚好散，起碼一切都很自然。世界是一個完整的段落，此時無所欠缺，一切都很完美。世界也可以代表旅行，特別是大範圍的航空旅行，甚至環遊世界。有時候代表搬家或移民。

逆位解析

世界逆位，成功的程度減弱，可能總是欠缺那臨門一腳，也可能是好不容易達成目標後，才發現還有問題需要解決。正位時的完美開始出現小瑕疵，遇到一點小挫折，當事人就想放棄。原本自由的能量淤塞了，猶如舞者退回到吊人牌，當事人可能拒絕進入世界帶來的新階段，只想停留在舊環境中。無論是搬家、旅行，還是換工作，他都不願意，而即使願意，事情也可能延宕不決。其實只要明白，當人生某個階段自然結束後，歡喜進入下個階段，才是幫助自己成長最好的方式。要學習舞者歡欣自由的精神，只要能量流動了，事情就會順暢，機會將提供給準備好的人。

權杖牌組

權杖一
ACE of WANDS

新行動 創造 機會 靈感

牌面描述

一隻手從雲中伸出，強而有力，握住一根長滿綠葉的權杖。那根權杖是如此茂盛，以致鮮嫩的綠葉幾乎從杖上「爆」開，有八片葉子脫離權杖，在空中飛舞。遍地青草溪流。遠方的城堡似乎暗示著未來成功的可能。

牌義推演

無論大牌小牌，所有的一都代表一個新開始，而權杖一通常代表一個計劃或行動的開端。權杖充滿創意與熱忱，充滿源源不絕的能量，可以激發人們的潛能。權杖一就像一個火種，可以燃燒整個草原，也可以就此熄滅，但不管它的未來如何，潛力總是存在。在某些情況下，權杖一甚至可以表示新生命的到來。

如果最近有新計劃、新念頭、新行動、新方向，權杖一出現，表示前景光明，可以大膽去做。請拿出創意與熱情，盡情揮灑，實現野心，不要辜負了心中的冒險精神。如果以前曾經很想去做某事，卻遲遲不敢，權杖一提供夢想實現的好時機。

權杖一是火要素的源頭，像一顆火花，其未來難以預料。然而火花的威力可以無限大，有行動就有希望，切莫蹉跎。當權杖一出現，當事人可能會感到自己某方面被激發了，可能是有突如其來的靈感，亟待實現的渴望，或即刻實行的衝動，承認這些新感覺，能夠帶來機會與成長。權杖一也可能代表新的機會，無論成功與否，放棄都是最不明智的抉擇。

逆位解析

權杖一逆位表示這個新行動的失敗面較大，有困難或延遲的可能。自私、缺乏計劃或決心，都可能造成阻礙。權杖一逆位提醒你要審視自己可能忽略的地方，方能提昇成功的機會。也許必須審慎考慮這個行動或機會該不該執行。如果權杖一在牌陣中代表新生命的降臨，則逆位可能表示流產或墮胎，與皇后牌相同。

葵花錦囊

* 權杖一帶給我們新創意、新機會、新想法、新行動，當這些火花出現在生活中時，你辨認出來了嗎？
* 當權杖一和其他一號牌同時出現時，新開始的意味更濃厚，你一定知道它們在告訴你什麼，問題是你能否妥善決定這件事可不可行？如果可行，你敢大膽抓住機會嗎？
* 每個人一定都經歷過權杖一提供的機會、創意或衝動，例如上司突然給你一個表現的大好機會，或是自己某天突然有股想要計畫旅行的衝動。想出一個自己曾經體驗過的權杖一事件，回憶當時的情景，再度感受它帶給你的活力。

權杖二
TWO of WANDS

———

權力 膽識 計畫 決定

牌面描述

一位身穿領主服裝的男子，站在他的城牆上，俯視他的遼闊領土，遙望遠方海洋。他右手拿著一顆類似地球儀的球體，左手扶著一根權杖。右邊的權杖則是被鐵環繫在牆上。

城牆上有個白百合與紅玫瑰交叉的圖案，白百合象徵智慧和純潔的思想，紅玫瑰象徵熱情，暗示兩者之間必須取得平衡。

牌義推演

乍看之下，權杖二與權杖三頗有相同之處，都是男子遙望遠方海洋的構圖，而且權杖二的領主與權杖三的商人，都是成功的領袖人物，擁有相當的權力，但請注意他們姿態的差異。

權杖三的商人遙望遠方出海的船，他剛剛成功的實現一項偉大的交易，而權杖二領主的視線卻複雜許多，他看似俯瞰他所擁有的傲人領地，又看似默默低頭研究球體，彷彿在盤算什麼，思索什麼。偉特將其比喻成亞歷山大大帝——站在世界的頂端，卻難免悲傷折磨。

另一個角度來看，領主對著球體思索，是為了做出一項大膽而成功的計畫或決策，因此我們可以將權杖二視為合宜計畫與大膽決策所帶來的成功開始，在權杖三達到成功的高峰。

矛盾的是，權杖二同時表現「成功」與「虛無」。這位領主已經擁有全世界，但仍然在城牆內盤算下一步的行動，他看來很煩悶，因為他被自己的成功困住了，無法繼續充分展現當年開疆闢土的「權杖式」行動。也許此時當事人擁有足夠的資源，可供他完成所願，然而他卻心灰意懶；或者是達到成功之後，卻發覺這根本不是自己當初所想要的。這個問題亟須解決，請捫心自問，自己真正想要的究竟是什麼？

逆位解析

權杖二逆位，領主可能失去權力與膽識，懦弱無能，計畫錯誤，事情將會變得不順利，也可能好的開始竟得到壞結局。另一方面，權杖二逆位也可以表示當事人終於停止思索，繼續下一步行動。

比起其他的牌，權杖二的牌義解讀分歧較大。歐美書籍主流牌義通常偏向上述成功的意義，但也有不少人強調權杖二「猶豫不決」的含意，並且認為逆位的權杖二反而較快下決定。其實兩種牌義解讀沒有對錯優劣之分，也不會影響準確度，只要以自己能夠認同的牌義為準即可，塔羅牌自然會照著自己下的定義來運作。

葵花錦囊

* 權杖二通常表示你最近在計畫或考慮什麼，也許讓你很猶豫不決，但是，別忘了你起碼還有選擇的自由，以及對此事的掌控力。
* 權杖二是權杖牌組中較為靜態的牌，事情發展有延遲的可能。

權杖三
THREE of WANDS

貿易 領導 遠見 合作 探索

牌面描述

山巔上站著一個成功的商人，三根權杖筆直地豎立在地面上，商人右手握著其中一根，目送自己的貿易船出海。天空是鮮明的黃色，海映著天，也是黃色。

牌義推演

三這個數字結合了一和二，在靈數學中代表「合作」與「成就」。權杖三正顯示了權杖牌組的初步成功，呈現在事業上的成就，和商業與貿易有強烈的關聯。通常此時顯示當事人在工作事業上略有小成，談判成功，協商順利，計劃也能穩當執行。如果此時得到新的工作機會或是新的案子，切莫錯過好機會。

圖中這位商人擁有龐大的事業，他居於領導地位。因此權杖三也代表領導，表示當事人具有足夠的能力來領導他的工作團隊。他同時也是一位有遠見的領導者，看看他立足的山巔，站得越高就能看得越遠，看得越遠就能做出最有前瞻性的措施和決定來。遠見無疑是領導者的重要特質之一。權杖三也可能是提醒當事人勿急躁，勿短視近利，要學習這位商人的長處，往遠處思考。

權杖三也代表合作。看圖中幾艘船各司其職，前往他們的目的地交易，這個龐大的商業帝國無法靠領導者一人之力建造，必須要許多人通力合作才能完成，因此合作絕對是重點。

我們可以把權杖三和愚人、隱士做比較，這三張牌的人物都站在山巔懸崖上，三張牌都有某種程度的探索意味。愚人像剛出生的嬰兒般，迫不及待踏出腳步，探索這世界；隱士默默站在無人雪山上，探索自己的內心；而權杖三的商人是往「前」目送他的船遠航，前往一個未知的世界。他不像愚人般欠缺思考，也不像隱士般享受孤獨，他深深明白自己在做什麼，且隨時準備走出下一步，不過那必得是經過縝密思考計劃之後。權杖三表示這是個探索新領域的好時機。

感情方面的占卜，權杖三可能代表成功的遠距戀愛，或是探索新對象。旅行占卜，權杖三通常表示出國進修或出差。

逆位解析

權杖三逆位，可能表示欠缺合作、不好的夥伴、缺乏遠見、欠缺領導力、貿易失敗，原因可能出在當事人過度自信、野心太大、計劃不周。權杖三逆位也可能代表延遲。

葵花錦囊

* 你曾經當過領導者嗎？寫下一些你認為領導者應該具備的特質，這些特質就是權杖三主角所具備的特質。
* 如果近期有新的合作、進修計畫或貿易機會，權杖三表示將會成果豐碩。
* 權杖三表示的人際關係，雖然不是如膠似漆，但通常都合作無間，有一定程度的成功。
* 如果權杖三出現在牌陣中代表環境的位置，可能表示合作良好的環境、探索新領域，或是當事人身邊的一位領導人物。

權杖四
FOUR of WANDS

————

穩固 歡慶 和諧 繁榮

牌面描述

四根巨大的權杖聳立在前方，其上掛著象徵勝利的花環。兩位女子手持花束高舉頭頂歡慶舞蹈著，遠方隱約可見慶祝的人群，呈現一幅和諧且繁榮的景象。右邊有護城河上有座橋，通往遠方表示穩固的莊園城堡。

牌義推演

相較於權杖三的遠航出海，塔羅牌所有的四號牌都表示穩固與休憩，有一種「回家」的感覺，同時也代表該牌組的初步完成，權杖四兼具以上意義。

所有的桌椅都是四支腳、建築物要四根柱子、汽車要四個輪子……就連四方形也會給人一種很穩重的感覺，仔細看看，權杖四前方的四根柱子是不是也讓人有這種和諧穩重的感覺呢？遠方的城堡更是象徵穩固的避風港。所以，權杖四的一個主要牌義就是穩固，也就是基礎很穩的意思。

學生抽到權杖四，表示他以前的學業基礎打得很好；戀愛占卜抽到權杖四，表示戀情穩定，其餘可依此類推。

在權杖之上掛著花圈，跳舞的女子手上也捧著花束，而且上面都有果子呢！這正是象徵繁榮與富裕的典型，表示這是個豐收的時節，而因為豐收，所以人們可以大肆慶祝，和樂融融。

整體而言，權杖四是一張非常正面的牌，可以代表生意的成功、好的開始、目標達成、愛情或友誼的萌芽、婚禮、生產、慶功宴、慶生會等令人欣喜的事件。另外，權杖四的場景在鄉村，所以也與鄉村或美滿的家居生活有關。

逆位解析

權杖四逆位，偉特書中解為意義不變，也許快樂的涵義沒有正位時明顯，或者是由於當事人貪得無厭，無法感到滿足或感激。現今詮釋通常解為基礎不穩、不和諧、目標不一致、人際關係不穩定等，視占卜的問題而定。

葵花錦囊

> * 權杖四顯示你過往的穩紮穩打到此已結成果實，可以坐下來好好慶祝了。你可能有機會參加各種宴會或典禮。
> * 享受鄉間生活是個不錯的主意。也許此時你會想佈置房子，讓你的居所更「穩固」。
> * 權杖四不管出現在牌陣中的什麼位置，通常都是很好的訊號。
> * 權杖四、聖杯三和教宗都可以代表儀式，但中間有些細微的差異。權杖四偏向經過一陣辛勞之後的歡欣收成，聖杯三近似結盟飲宴等情感交流旺盛的場合，教宗則偏向宗教與社會性的莊重儀式。

權杖五
FIVE of WANDS

衝突 競爭 奮鬥 混亂 模仿

牌面描述

迥異於權杖四的和諧穩定局面，權杖五呈現一群年輕人混戰的場面。每個人手上都拿著一根杖，彼此僵持不下，誰也不讓誰。偉特說：這是一場模仿的戰役。

牌義推演

塔羅牌中每張五號牌都與衝突或失落有關。而權杖的火要素特質，自然就以競爭為主題來表現。具有權杖特質（即火特質）的人很容易將人生看作是一場戰爭，因此權杖五的中心主題就是競爭的局面。這和聖杯五的情感失落，以及錢幣五的金錢失落，有很大的不同。

我們也可以把權杖五拿來和寶劍五相比，兩張牌乍看類似，但重心不同。權杖五的重點是熱血激戰的局面，這和火要素的特質相關。而寶劍五著重的是戰爭結束後，無論勝利或失敗都沒好處的教誨。

「打架」在一般人眼中總是不好的事情，因為這通常和人與人之間的衝突有關，或許是小口角、意見不合，也可能是較大的爭端。如果當事人身處

這種局面中,請記得宰相肚裡能撐船,唯有容納各種不同的意見,這個社會才能更豐富並且更和諧。

從更廣義的角度來看,其實權杖五可以代表人生的戰爭與挑戰,在考場、情場或財場上舉行。這場戰爭可能很辛苦很費力,但誰敢說自己不會是贏家呢?也許贏了之後,隨之而來的利益與好處讓人感到相當值得也不一定。

除了外在的衝突之外,權杖五也可能代表內心的衝突與矛盾,通常是出現在面臨困難的抉擇或挑戰時,而且有時內心的衝突比外在的衝突更難以解決。這時候應該要保持冷靜,找到令你困擾的源頭,並加以破除。

仔細看這張牌,裡頭大夥兒都打成一團,沒人在勸架,也沒人冷眼旁觀。每個人都在模仿別人的所作所為。權杖五出現,可能在暗示當事人要模仿。或者,更進一步,要下去打場轟轟烈烈的戰爭。

逆位解析

正位的權杖五代表這起碼是場公平的競賽,逆位的時候就不一定了。欺詐、作弊等奸詐技倆可能會出現。偉特本人對權杖五逆位的解釋為:「訴訟,爭執,欺詐,矛盾。」

葵花錦囊

* 衝突與競爭是權杖五的中心主題。問問自己是在哪方面遭逢這種狀況,是人際、利益、感情還是意氣之爭呢?甚或是內心的天人交戰?
* 在衝突或競爭中,弄清楚自己的目的是很重要的。
* 有時候牌陣中其他的牌可以顯示出衝突的矛盾所在,要特別注意相反牌透露的訊息。

權杖六
SIX of WANDS

———

勝利 進展 自信 好消息

牌面描述

一位年輕男子，戴著勝利的桂冠，騎著白馬凱旋而歸。四周都是圍繞簇擁著他的群眾。白色代表純潔，馬象徵力量。

紅色的外衣象徵積極主動與熱忱。男子手持的權杖飾以勝利花環。艱辛奮鬥已然過去，他現在抬頭挺胸，享受屬於他的榮耀時刻。

牌義推演

我們可以把權杖六看成戰車的小牌版本，兩張都代表經由努力獲得的勝利。在男子凱旋而歸之前，必定有一番艱辛的努力，他憑藉他的熱忱（紅衣），克服重重的難關。現在，他已經勝利歸來，享受眾人的歡呼，一切都已經值得。

權杖六很明顯的是張代表勝利的牌，通常是形於外的勝利，比方說金榜題名、衣錦還鄉。因為世俗的勝利才有眾人為你歡呼，這時必定享受各方榮耀與讚美。相反的，精神、性靈、心靈成長方面的進展，只有自己知道。不過，當周圍伴隨表示心靈成長的牌如女祭司、隱士、太陽，權杖六也可以顯示當事人的心靈成長方面獲得顯著的進展，也就是靈性的勝利。

即使沒有明顯的勝利或榮耀，權杖六起碼代表某方面顯著的進展。如果手邊有什麼工作，權杖六代表工作的進展。準備考試，權杖六也代表實力極大的進步。感情方面，更是贏得佳人歸的好兆頭。

仔細看男子的姿態，他是多麼抬頭挺胸，充滿自尊、自愛與自信。自信的獲致不是偶然，他深知自己的出色能力，更明白自己身為領導人物，是眾人的仰望的對象。他野心勃勃，而眼前他的目標已經達成，這使得他的自信更加深刻。另一方面，我們也可以把凱旋男子騎著白馬當成好消息的到來。成功與進展也可能以好消息的方式來呈現。例如長久以來盼望得到的工作機會主動找上你，或是獲悉愛慕的對象對你有意。

逆位解析

權杖六逆位的意義，第一，勝利的騎士跌到馬下，變成失敗者。第二，自信演變為驕傲，而驕者必敗。第三，好消息變成不利當事人的壞消息。第四，遲來的成功。權杖六帶來的重要課題就是即使成功也要懂得謙抑，因為有一個成功者，必定有許多失敗者，誰知道自己不會是下一個呢？

葵花錦囊

* 權杖六和權杖三的主角都是領導人物。試著找出他們的相同點與相異點。例如，兩位都很有自信，但權杖六的主角自信更強，可能有點驕傲，而權杖三的主角更注重團隊合作。
* 權杖六的自信來自過去的成功，他對自己的能力信心十足，現在他的課題是要運用這股信心來鼓舞其他人，不要只專注在自己的成功，要更注意同事或下屬的情況。
* 你曾經在學業、事業或愛情上像權杖六一樣凱旋而歸嗎？逼真回憶當時的情景，你就能體驗權杖六的精神。
* 權杖六在感情占卜上，可能表示當事人有抱得佳人歸的信心，也可能表示太注重面子，放不下身段。

權杖七
SEVEN of WANDS

———————

防禦 挑戰 勇氣 對立 有利的位置

牌面描述

綠衣男子站在青蔥的山頂上，手持權杖，奮力迎擊敵人從山下攻上的六根權杖。他高舉右手，表情堅毅。

牌義推演

人生中隨時會遇到挑戰。有人選擇逃避，有人選擇面對，綠衣男子就是選擇堅守崗位的那一位。他雖然孤軍奮戰，但他站在高處，得享有利的位置，所以敵人不是那麼容易攻上。因此權杖七在告訴我們，不要害怕面對挑戰，雖然無助，但只要堅持到底，成功率還是很高。

他高舉權杖，卻尚未擊下，只是堅守防禦位置，勝負尚未分明。但這並不像權杖五的混戰僵局，而關乎一個人在遇到衝突與對立時，能否拿出勇氣與決心來奮鬥下去。

當抽到權杖七時，事情或許顯得棘手，或許你沒有把握，但是請記得，無論你感到多無助，事情並不像你想得那麼可怕。只要像圖上的男子，拿出大刀闊斧的決心，成功之路將為你開啟。

在學業事業方面的占卜，權杖七預示了藉由決心與勇氣而獲得成功的可能，但是，在感情方面的占卜，卻不樂見權杖七出現。因為雙方的相處若是向權杖七所描述的衝突對立，而不包容傾聽，心房怎會為對方開啟呢？你防我，我攻你，爭論何時休？如果遇到其他戀情破碎的牌一起出現（例如寶劍三或聖杯五），情況將更為糟糕。

逆位解析

權杖七逆位，原本站在有利位置的男子落到下方去了，局勢反而不利。男子此時可能成為戰場上的逃兵、情場中的懦夫。失去了自信，男子變得脆弱無比。原本勝面極大的戰役，軍人卻如此懦弱，似乎註定有去無回。

問卜者此時應先弄清楚情況，這場戰役值不值得打？若冷靜分析客觀條件，可望成功，問題只是出在自己的軟弱心態，則應堅定意志，仍可扭轉局面。若此場戰役客觀條件很差，則明哲保身為宜。

葵花錦囊

* 權杖七代表你在捍衛或迎擊某個事物，也許是你的地位、信仰或立場。正位表示目前情況有利於你，但辛苦流汗在所難免。
* 面對不同的聲音，有人選擇沉默，有人選擇挺身而出。權杖七的態度是要堅定維護立場，捍衛權利。如果你確定自己的立場是正當的，就擇善固執吧。
* 權杖七出現在環境的位置，顯見環境中有對立需要克服，也許此時有人反對你或想挑戰你。

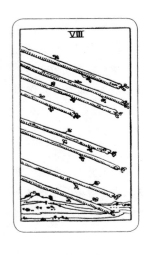

權杖八
EIGHT of WANDS

迅速 抵達 旅行 訊息

牌面描述

八根權杖整齊劃一的在空中航行,背景是蔚藍的天空與青翠的山丘平原,
還有一條寧靜的小溪流過。

牌義推演

「迅速」,是權杖八的中心意義。八根權杖像飛機一般快速飛行,因此事
情的發展將會快得出乎意料,拖延已久的事務也將在短時間內得到結果。
如果你先前設定了目標,權杖八可能意味你能快速達成它。

權杖八籠罩在一種自由且興奮的氛圍中。請注意這八根權杖頂端向下,即
將抵達地面,因此,抽到權杖八,可以預見即將會有新事物抵達你的生
活。也許你會突然遇見一位熱情的戀愛對象,突然得到新工作,突然得到
工作上的靈感,突然認識新朋友。無論如何,權杖八會使你積極而樂觀。

旅行也是權杖八經常代表的意義,尤其是航空旅行,或是突如其來的旅行
或出差機會。通常是快樂的。

這八根權杖我們也可以將它看成某種訊息,無論是新聞、耳語、還是各種小道消息。正立時,得到的通常是好消息;倒立時,則是壞消息。

逆位解析

逆位的權杖八有兩種可能,一是步調太快,因而失控;二是延遲。在第一種情況,也許當事人會做出太過倉促的決定,表現太過衝動強勢,或是事情發展太快令人措手不及。建議當事人謹記欲速則不達的道理。第二種情況,在實際占卜中可能發生普遍性的延遲狀況、旅行也可能取消,或是遇上交通問題,宜多加小心。

另外,偉特本人認為正位的權杖八是愛之箭,逆位則是嫉妒之箭,可能發生爭執,在占卜時亦可應用。

葵花錦囊

* 權杖八是發展速度最快的權杖牌,因此抓住時機很重要。
* 權杖八的愛情是一見鍾情,兩人關係以迅雷不及掩耳的速度進展。
* 正位的權杖八通常表示事情很快會有結果,逆位的權杖八則可能事態延宕或失控。
* 權杖八代表訊息,最近要注意身旁的消息來源。
* 權杖八如果出現在代表人的位置,那麼此人可能有跳躍式的快速思考,做事情速度很快,或是突然有股急著要做某件事的衝動。

權杖九
NINE of WANDS

警覺 固執 防禦 經驗 等待

牌面描述

一個壯漢靠著長杖，似乎在等待著什麼。他的頭上紮繃帶，顯示他在過去戰役中曾經受傷，尚未復原。

但他並不畏懼，仍然緊鑼密鼓等待著敵人的下一波來襲。他身後豎立八根權杖，井井有條，像是柵欄，包圍著壯漢所守護的家園。

牌義推演

首先，我們仔細觀察壯漢的身材及神色，他的眼神十分警覺，肌肉壯碩，姿勢緊繃，肩膀微聳。前一場戰役留下的傷勢尚未復原，卻仍積極備戰，這些都顯示出他的警覺心，以及固執堅毅的一面。因此，雖然權杖九通常表示處於壓力下的備戰狀態，但唯有在這樣的態勢下，才能真正考驗出一個人的能耐。

防禦也是權杖九的主要意義之一。他身後豎立的八根權杖像是他的資源或靠山，但他戰戰兢兢，絲毫不敢忽視敵對一方的勢力，無論如何，他都要捍衛到底。

他頭上的傷，儘管帶給他身體上的傷害，卻也可以視為一種彌足珍貴的經驗。因為有舊傷的警惕，他在下一次戰役中，會更懂得保護自己。權杖九也可以代表身體的外傷，特別是頭部。

抽到權杖九的時候，當事人通常在過去遭逢挑戰，未來出現的考驗未定。當事人務必要學習這位壯漢的信念，小心翼翼，切勿托大。強悍一點，在這時候可能有用。堅持更是面對挑戰不可或缺的精神。我們不知道敵人何時會來襲，一定要隨時保持備戰狀態，有句話說：「機會是給準備好的人。」

在感情方面的占卜，權杖九不能算是好兆頭，當談感情時要「防守」、「備戰」、「受傷」、「等敵人」，這段感情的品質可想而知。也許你想拿出堅毅不撓的精神，但辛苦總是難免。

逆位解析

權杖九逆位時，當事人可能失去圖中壯漢的精神，萎靡不振，準備不足，健康亮紅燈，甚至想放棄防禦。或者是敵人的勢力超出他可以應付的範圍，很有可能失守。

這並不代表一定得放棄，但也許當事人應該多想一些更好的辦法來應對。此外，權杖九本身即有等待之意，逆位時，延遲的涵義更加強烈。

葵花錦囊

* 權杖九的情況多半不好過，這時候認清並善用自己的資源（背後的八根權杖），可收事半功倍之效。過去的經驗和知識，此時都可以派上用場了。
* 權杖九的逆境，通常都必須當事人獨自面對。

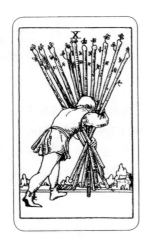

權杖十
TEN of WANDS

———

疲累 壓力 努力 責任

牌面描述

一個男人奮力的扛著十根沉重的權杖，朝著遠方的房子前進。他被權杖的重量壓得喘不過氣，疲累萬分，但他仍不願放棄，為了生活，一步一腳印的往前走。

因此，權杖十的中心意義除了最基本的「壓力」之外，還代表「努力」，而且隱含成功的可能。

偉特本人就指出，權杖十的牌義還包括收穫、好運、任何形式的成功，然後才是伴隨而至的負擔。

牌義推演

忙碌的現代人對於權杖十的主題想必感到非常熟悉，然而，我們必須思考的是，圖中的男子為何把自己弄得如此疲累，難道沒有更輕鬆的方法嗎？造成他壓力的原因很多，可能因為不敢說「不」、計畫不周、同時做太多件事、付出太多承諾、怕丟臉等。然而他不肯放棄，因他懷有相當程度的信念與責任感，他想要一個人負起所有的責任，卻忘記他只是凡人，不是

超人。也許有成功的可能，但是其實不必如此辛苦，因為他只懂得利用權杖的作風——向前衝！卻缺乏思考與計畫，因而導致如此辛苦的局面。其實只要多做些規劃，並懂得拒絕的藝術，就可以明顯改善這種情況。

同樣的狀況也可能發生在戀愛或婚姻中，顯示當事人總是把事情往自己身上攬，卻忘記戀愛婚姻是兩個人的事。他覺得辛苦，卻不肯放棄，緊抓著這段關係不放，希望能繼續下去。然而，苦苦維持一段品質不好的關係，對雙方都沒有好處，建議當事人看清楚事實，運用建設性的解決之道，來改善關係。當無藥可救時，不如快刀斬亂麻。

逆位解析

權杖十逆位，傳統上有兩個方向可以解釋。第一，表示壓迫到了臨界點，快要崩潰了。

第二則是當事人意識到這個狀況，因而放下負擔。或是由於快要承受不了，不得不丟下負擔。

葵花錦囊

> * 有時候權杖十的重擔不是環境造成，反而是當事人加諸自身的，過強的責任感及凡事不假手他人的個性，會讓你不堪負荷，最終會影響健康。請記得「留得青山在，不怕沒柴燒」的道理。
> * 所謂「能者多勞」，有時候你也可以裝笨一下，畢竟別人的工作不是你的責任。
> * 健康占卜中，權杖十可能代表過勞或是肩膀酸痛。
> * 你曾經因為不敢拒絕別人的要求，而把自己弄得疲累不堪嗎？權杖十要求你學會說不。

聖杯一
ACE of CUPS

新感情 愛 喜悅 感受 直覺

牌面描述

聖杯一是所有小牌的一號牌中最富象徵意義的。圖中的聖杯就是耶穌在最後晚餐中使用的杯子，杯上有個倒立的M字母。據說，在耶穌死後，他的鮮血就是由這個聖杯所承裝著。

白鴿是天主教中聖靈的象徵，牠啣著象徵耶穌身體的聖餅，自上而下彷彿要進入杯中，象徵靈魂進入物質世界。另一方面，在天主教儀式中，也經常將祝聖之後的聖餅和杯中的酒混合，藉由耶穌身體和鮮血的結合，象徵耶穌的復活。

杯中有五道水湧出，象徵人類的五種感官。下方的水面平靜，只有少許漣漪，睡蓮處處，而既是睡蓮，則水必有一定的深度，顯示出感情的深廣豐沛。睡蓮莖長，向上伸展至水面，象徵人類靈魂的覺醒。二十五滴水珠從四面落下，飄浮在空中，暗示藏在小牌背後的意義深遠。一隻手從雲中伸出，這隻手和權杖一與寶劍一中的手截然不同，它是輕輕的捧著聖杯，而非用力抓住聖杯，因為愛只能細心呵護，越用力想抓住，只會讓它窒息。

牌義推演

聖杯一經常代表新感情的開端,對於人際關係是非常好的徵兆,無論是新戀情、新友誼,或是任何一種人際關係。聖杯一也可能代表一段快樂滿足的時光,當事人能敞開胸懷,擁抱喜悅,盡情付出愛與關懷。在情感剛開始的時候,愛、喜悅與關懷總是滿溢,手捧著聖杯,從雲中伸出,好像把愛送給對方。聖杯一請你保持慷慨,了解施與受的福氣。

在某些情況下,聖杯一可能表示直覺的開啟,對神祕事物開始產生興趣或是開竅,感受性敏銳。勿忽視心裡的聲音,各種夢境或直覺,都可能帶來珍貴的訊息。聖杯一是精神生活富足的象徵,也可能是靈性成長的開始。

通常在人際關係占卜中,聖杯一都代表美好的開始,當事人能從中獲得喜悅與滿足。如果是占卜已經維繫很久的感情,出現聖杯一,最好仔細審視週遭的牌,看看是否有外遇跡象。若是在無關感情的占卜中,出現聖杯一,可能表示這個局勢需要用愛來化解,請散播善意,為對方著想;如果對方向你傳達善意,請欣然接受。

逆位解析

聖杯一逆位,杯中的水就流出來,杯子變成空的。通常代表情感上的挫折,也許當事人會在情感上遭遇失落、分離、失望或不滿足。可能會感到被否定、被拒絕、被背叛或寂寞,因而感到抑鬱悲傷。可能感到對方不是真心,或者自己無法付出真心。新感情可能遲遲不開始。人際關係也變得虛偽、不穩定。這時候當事人往往有強烈的不安全感。有時候聖杯一逆位的癥結在於當事人自己的心態,不願付出,自己也不會有回報。好像圖中的手,能夠施與是種福氣,在手心向上的同時,自己才是最富足的人。

葵花錦囊

* 聖杯一是人際關係最好的開始,請辨認出身旁的情感機會,你可能從此得到一位好朋友或情人。
* 聖杯一告訴我們,此時自由地付出與接受感情是最好的策略。

聖杯二
TWO of CUPS

戀情 友誼 合作 結合

牌面描述

一男一女面對彼此，向對方持杯致意。兩人頭上都戴著花環，男人身軀微微向前，左腳踏出，右手也伸向女人，而女人站姿端凝如山。

他們中間浮著一根兩條蛇纏繞的杖，稱為「赫密士之杖」，是治療的象徵。杖上的獅子頭象徵溝通，而兩片翅膀象徵聖靈，使人聯想到戀人牌中的天使。遠方是一座城鎮。

牌義推演

聖杯二經常被視為戀人的小牌版本。兩張牌都與愛情產生強烈的關聯，而且聖杯二中的兩人更像心心相印的金童玉女，深情相對，不若戀人牌中的隱隱猶疑的夏娃。但戀人牌畢竟是大牌，所表現的戀情影響較深遠，為期較長久，也常指涉肉體上的親密關係。而聖杯二的戀情在實占上，比較近似初期的熱戀狀態。看圖中男女相敬如賓，他們之間不是錢幣六的上下階層關係，也不是聖杯六的單方付出，他們是互敬互愛的平等關係。更廣義而言，聖杯二不只侷限於男女情感，也可以指涉友誼，以及任何人際關係。

通常聖杯二的人際關係都是和諧、對等、溝通良好、合作愉快、互相敬重的。因此，問合夥、問婚姻、問戀愛、問友情、聖杯二都代表雙方的結合將會非常愉快。

聖杯二圖中是一對男女，為何不是男男或女女的配對呢？事實上，異性的組合象徵聖杯二也可以表示不同特質的結合，無論是人、事、物，甚或才能與天份，有時我們必須將不同的東西結合在一起。圖上右邊的男子象徵陽性，看他的身體姿態，不難發現他是比較積極外向的，而對面女子端凝穩重，處於被動地位，她則象徵陰性力量。

實際上，聖杯二講的就是這兩種力量的結合，若能同時擁有兩種力量，且融合良好，會比單一力量更強大。例如，某甲精通紫微斗數，也曾研習西洋占星，他想占問以命理為業應如何進行，抽到聖杯二。表面上看來，聖杯二可能建議某甲找個合夥人進行，但更深一層來看，聖杯二也可能暗示某甲將他會的兩種才能——東方的紫微斗數與西方的占星術——結合，他將發現這兩種術數其實互相呼應，因而在命理的造詣上更上一層樓。

逆位解析

聖杯二逆位，表示在結合的過程中出現問題，或者雙方不平等，因此可能出現互不信賴、付出不對等、衝突、甚至分離或拆夥的狀況。建議當事人多體會聖杯二的涵義，要學習如何結合相異之人事物，並維持雙方的平等，方能建立和諧的人際關係。

葵花錦囊

* 你知道是誰跟你臭味相投或心心相印嗎？請細心維護這段關係。
* 聖杯二強調溝通、尊重、平等與合作的重要，如果出現在牌陣中代表建議的位置，代表你應該採行這些態度。
* 請拿出聖杯二與聖杯六、錢幣六相比較。想想看你和你的好友或情人之間的關係，比較接近哪一張牌？

聖杯三
THREE of CUPS

———

歡慶 結盟 團體 宴會 成功

牌面描述

三個女子緊靠彼此，圍成圓圈，高舉聖杯互相慶賀。她們頭上都戴著象徵豐收的花圈，穿著色彩艷麗的袍子，臉上幸福洋溢。四周有藤蔓、葫蘆及南瓜，一位女子手上提著一串葡萄，這些植物很容易讓人聯想到豐收的時節。

這三位女子分別有不同顏色的頭髮與眼珠，穿戴的衣服花環也都各有不同，代表她們都是獨立的個體，有獨立的個性，但是，在這個團體中，她們都能尊重彼此，敬愛彼此。三人圍成圓圈的型態，表示她們之間沒有尊卑之分，在這個歡慶的場合裡，每個人都是如此平等。

牌義推演

也許有人注意到，偉特用女性來表達聖杯三的涵義，為何不用男性呢？關鍵在於，女性通常象徵柔性與陰性的能量，女性通常表現情感與分享，而非野心與競爭。這並不是說只有女性才能體驗聖杯三，這只是一種象徵，而塔羅牌就是運用象徵來表達現象的工具。

聖杯三通常表示團體，而且是以情感作為聯繫的團體，像是家庭、學校

裡的社團或一群知心好友這類的團體。與錢幣三的工作團隊，和教宗的社會機構略有不同。此時通常表示當事人在情感上擁有足夠的支持，有人對他付出愛與關懷，一同分享悲喜。再者，聖杯三也常表示結盟與合作的關係，是友誼的象徵。

聖杯三也經常代表歡慶的場合，舉凡各種宴會、聚餐、婚禮、彌月、尾牙、慶功宴等都算在內。其豐收的涵義表示事情有了好的結果，不管過程曾經有多艱辛。因此，聖杯三象徵豐收的時節，長久的辛苦終於開花結果，獲得成功。

在占算感情時，聖杯三通常代表團體中認識的情侶，然而，三人行的意象有時暗示這是感情路上的三人行，還是謹慎為妙。另外，偉特解釋聖杯三可能代表計劃中的懷孕。

逆位解析

聖杯三逆位，表示過度的歡樂導致樂極生悲、享樂過度、暴飲暴食，宜多加節制。在人際關係方面，可能團體失和、結盟或合作失敗、友誼破裂、朋友背叛、失去親友的支持。事情發展也沒有預料中的好結果，成功化為泡影。

葵花錦囊

* 除了聖杯三之外，錢幣三、教宗、太陽、聖杯十、錢幣十也都有團體的牌義，聖杯代表情感團體，錢幣代表工作或事業團隊，教宗代表宗教、教育或社會機構，太陽則泛指成功的團體。你能不能區分出更細微的差別？
* 聖杯三出現在環境的位置，可能顯示當事人身處一段歡慶豐收的時光或感情融洽的團體內。
* 聖杯三出現在建議的位置，顯示當事人應該以樂群的態度處理此事，或者提醒你該好好享受一番，把握與朋友出遊的機會。

聖杯四
FOUR of CUPS

不滿 拒絕 冷淡 退縮 外遇

牌面描述

一個男人百無聊賴地坐在樹下，雙眼緊閉，雙手雙腳合在一起，形成防禦的姿態。

他前方三個杯子象徵他過去的經驗。雲中伸出一隻手給他第四個杯子，他卻視而不見，獨自沉浸在自己的世界中。

牌義推演

請看，雲中手握著的那第四個杯子，與聖杯一中的杯子是不是很相像呢？這第四個杯子就代表新的機會，而且可能是如同聖杯一相同的大好機會。然而，這位消極退縮的男子絲毫不滿足，他閉上雙眼，也許是沒看見，也許根本是拒絕了這個機會。生活對他而言，似乎一點樂趣都沒有。這世界上好像完全沒有任何事值得他去做，沒有任何人值得他關心。無論給他多好的機會，他只表現出徹底的冷淡與漠不關心。

在數字學中，四代表穩定與秩序，就像所有的桌子椅子，都要由四支腳構成才會穩固，所有的建築物都是四方體，即使是金字塔，底座也必須是四

方形。然而，穩固經常導致無趣，當一段關係或一樁事業穩固已久，反而經常讓人覺得無聊，好像沒什麼新鮮刺激的了。反映在聖杯四，在情感上感到無趣，就形成一段無聊、疲憊、退縮、消極、不滿足、獨處的時光。當事人覺得百無聊賴，對外界事物漠不關心，缺乏動力，不想參加社交，覺得沒人了解他，甚至覺得家花沒有野花香……所以，聖杯四在實占上，有時也代表外遇，因為他對於目前所擁有的，已經不感興趣了。

抽到聖杯四時，建議當事人三思而後行。在一段深思之後，重新投入原來的生活，不要完全切斷自己與外界的聯繫。最重要的是，要好好珍惜你所擁有的，並把握眼前的機會，以免稍縱即逝。

逆位解析

聖杯四逆位時與寶劍四類似，代表不滿足即將結束。跟正位比起來，逆位的聖杯四較能把握眼前的機會，也表現出對生命的熱忱，願意展開行動。

葵花錦囊

* 聖杯四的癥結在於無法得到滿足，對環境提供的機會也不感興趣。這個時候應該自問你對什麼感到不滿足，並且重新審視它。
* 聖杯四的男人在興趣缺缺時，一個人躲到樹下沉思，你又是到哪裡去找尋寧靜呢？
* 如果在感情占卜中出現聖杯四，除了外遇的可能外，也可能表示當事人對目前的情感機會感到不滿意，即使有很多追求者，也不是他心目中的理想。如果他已經有固定對象，則他可能感到不滿，而重新衡量這段感情。
* 如果聖杯四出現在牌陣中代表建議的位置，這是提醒你要採取聖杯四的態度，此時隱遁起來，好好思索，先對新機會抱持觀望態度，考慮充份之後就好好把握，對你比較有利。

聖杯五
FIVE of CUPS

悲傷 憂鬱 失落 失望

牌面描述

聖杯五是一張代表悲傷、失落與失望的牌。在灰暗的天空底下,有一個人身著黑色斗篷,低頭哀悼地上三個傾倒的杯子,裡頭五顏六色的酒流了出來。

他的前方是一條河,象徵悲傷之流,但河上有座象徵意識與決心的橋,通往遠處的房子。灰暗的天色反映牌中人的沮喪的內心世界。從圖面上無法分辨出這人是男是女,顯示悲傷的情緒無論男女皆能體驗。

牌義推演

這張牌與寶劍三的意義相當近似,兩者都代表一定程度的悲傷與失落,但是聖杯牌畢竟是聖杯牌,杯子即使倒了,也不會像寶劍般造成具體的傷害,因此聖杯五雖有一定程度的失落感,卻沒有寶劍三那樣的椎心刺骨之痛。

三個杯子倒了,但仍有兩個留下,圖面中的人物只要轉過身,就知道他並非孤立無援,並非一無所有,但他目前卻沒有意識到這點。等他哀悼

夠了，他可以拾起剩下的兩個杯子，跨過通往外界的橋，繼續他的生活。遠處的房子象徵穩固安全的生活，裡頭可能有他的親人支持，而橋一直都在，他隨時可以回去。

人生的不如意十常八九。沒有人能保證自己總是能隨心所欲，難免有失望的時候。當我們處在低潮時，花一點時間來自怨自艾一番，是人之常情。然而聖杯五帶給我們的啟示是，不要看自己失去的，要珍惜自己所擁有的，無論是物質，還是給你關懷的親友。經歷一陣哀悼期之後，別忘了重新拾起希望，熱切的生活下去。

逆位解析

逆位的聖杯五一般有幾種可能，第一，根據偉特，逆位可以代表錯誤的計劃。再者，從圖面上來看，聖杯五逆位，剩下的兩個杯子也倒了，當事人什麼也不剩，所以傷悲的程度比正位更加嚴重。另一種可能則是當事人拒絕承認悲傷，因而壓抑自己的情緒。最好的情況則是當事人意識到他還保有的部分，例如親友的關懷，那三個倒掉的杯子就顯得沒那麼重要了。

葵花錦囊

* 聖杯五出現時，你應該知道自己是為何悲傷，給自己一段哀悼期，但別忘了你還有兩個聖杯未傾倒，請考慮接受旁人的關懷與支持，也別忘記還有別的人或事值得你關注。
* 聖杯五和寶劍三意義近似，但聖杯五強調「失落」，寶劍三則著重「傷害」與「痛苦」，破壞力更強。
* 實占上，聖杯五也可以代表延遲。
* 聖杯五也可以代表遺產，因為圖中人物一方面哀悼失去的親人（三個倒掉的杯子），一方面又得到親人遺留下來的財物（未傾倒的兩個杯子）。

聖杯六
SIX of CUPS

童年 回憶 思鄉 照顧 餽贈

牌面描述

在一座寧靜安詳的莊園裡，有六個盛裝五角星花朵的聖杯。一個小男孩捧著聖杯，似乎在嗅著花香，又好像把聖杯獻給小女孩。背景充斥代表快樂的鮮黃色，而天氣晴和。讓人彷彿有置身童話世界的感受。

牌義推演

兩個主角都是孩童，令人不禁重拾童年時代的美好回憶。因此，聖杯六代表與過去有關的人事物。也許你偶然發現失蹤已久的童年相簿，也許你在街上碰到初戀情人，也許某個兒時玩伴偶然來訪，種種因素讓你重溫舊夢，進入回憶的漩渦裡。

聖杯六有時代表思鄉情懷，家鄉就像聖杯六中的莊園，在裡頭有歡笑、有回憶、有家人的悉心照顧，讓你無憂無慮。

看看男孩將花獻給女孩的慈愛模樣。聖杯六也可以表示照顧以及餽贈，或者是得到遺產。你可能獲得某人的特別關照，好像他把你放到這個安全的莊園中。也可能代表送禮或收禮。更廣義來說，提供經驗與教育，也是餽

贈的一種形式。聖杯六的快樂很簡單，就像兒時一般天真，有時只是好友幫你泡的一杯咖啡，就能感到無上的喜悅。

在經過聖杯五的悲傷之後，有時我們需要遁入回憶來重新發覺自己，才能繼續向前走。藉由省思過去的經驗，可以獲得靈感和再生的力量。有時聖杯六也提醒我們，要像男孩一樣慷慨大方，樂於付出。如果你有仇恨，請你放下與原諒，才能得到真正的和諧。

聖杯六在感情方面，可以代表如初戀般單純的戀情，或者與舊日情人重逢。也可能表示一方照顧另一方的關係。對照聖杯二，我們可以發現這樣的關係其實並不平等，而且保護與控制只是一線之隔。一方替另一方構築一座安全的莊園，但卻使他失去探索世界的機會，讓他成為溫室裡的花朵，有朝一日甚至會成為錢幣六中的乞丐，這種情況在逆位時尤為可能。

逆位解析

聖杯六逆位，童年的美好回憶不再，反而充斥慘痛的記憶，似乎一直在拉扯著你。當事人可能無法獲得適當的照顧、被忽略、被遺棄、甚至受虐。

當聖杯六的特質發展過度，逆位代表沉溺於過去，不肯嘗試新事物，使生活停步不前。從另一方面來看，聖杯六逆位也可能表示當事人回憶夠了，準備向前看，反而會把重心放在未來。

葵花錦囊

* 你最近跟什麼舊時人事物搭上線了嗎？留心它們提供給你的經驗與洞見。
* 聖杯六也可能代表跟小孩遊玩，或是與童玩接觸的機會。
* 此時可能有親友給你情感或餽贈，開心接受之餘，別忘了回饋。

聖杯七
SEVEN of CUPS

迷惘 幻覺 想像 夢境 選擇

牌面描述

七個聖杯飄浮在雲霧瀰漫的半空中，杯中分別裝著城堡（象徵冒險）、珠寶（財富）、桂冠（勝利）、龍（誘惑，另一說是恐懼）、人頭、蓋著布發光的人（自己）以及蛇（智慧，另一說是嫉妒）。

請注意桂冠的下方有顆不顯眼的骷髏頭，成功與死亡並存，似乎在給人什麼警惕。有個人面對著這些聖杯，不知該如何選擇，他的身體姿態似乎流露出些微恐懼。

牌義推演

聖杯七代表的是生活中的非現實層面，包括我們的夢境、幻想與白日夢，或是偶而異想天開的點子。這種想像通常只是空中樓閣，一般人不會真的把這些幻想付諸行動，因此聖杯七不是一張代表行動的牌，而只是一種個人想像的心理狀態而已。

如果當事人目前有個很想進行的計畫，感覺未來前景一片大好，聖杯七警告：「這可能只是自己虛擬的想像罷了。」如果在戀愛占卜中，當事人

覺得對方似乎對他有意，聖杯七出現，代表這恐怕只是一場一廂情願的白日夢。聖杯七可以代表虛幻的戀情、不踏實的人際關係，與不切實際的打算。

太多選擇，往往令人無所適從，聖杯七中的男子正面對這樣的窘境。他感到迷惘，到底該選擇財富呢？還是成功？這七個杯中裝著世上人們最渴求的夢想，到底該選哪個好呢？他似乎並不知道，這一切其實都是幻覺。

適當的幻想與作夢是有益的，但終日沈浸於幻想世界中，終將一事無成。所以聖杯七甚至可能暗示各種上癮症，患者藉由酒精、藥物、小說漫畫甚或網路遊戲來逃離現實，進入自己的幻想世界。

在比較不好的情況下，聖杯七可能代表被欺騙，也許是自己的幻想騙了自己。此時即使得到成功，那也只是南柯一夢，多半是當事人自我膨脹，並非真正的成功。

逆位解析

聖杯七逆位的解釋和錢幣七類似，不再停滯不前，此時雲霧即將散開，反而容易做出決定，實際把自己的夢想付諸行動。

葵花錦囊

* 聖杯七經常表示你沉迷在某些人事物當中，包括白日夢。
* 神秘經驗和宗教體驗也是聖杯七可能的意義，也許你會經歷通靈、預知夢、 眠、靈魂出體、神蹟顯現等奇妙機緣。
* 聖杯七若出現在牌陣中建議的位置，正位時顯示你可以從這些想像、夢境或神秘經驗中獲得難得的啟示，但逆位時就是提醒你該醒醒了。
* 除了聖杯七，還有哪些牌可以代表上癮呢？試著把它們找出來。如果你正處於上癮狀態，請善用死神牌或審判牌的力量，洗心革面。

聖杯八
EIGHT of CUPS

拋棄 不滿足 行動 犧牲

牌面描述

身穿紅衣紅鞋的男子在暮色中，手持長杖，離開他先前辛苦建立的的八個杯子，越過河川，轉身而去。四周沼澤密佈，象徵淤塞的情感，如同一灘死水。

牌義推演

要搭起那八個杯子，起碼需要一陣辛勞，他卻發現八個聖杯中間的一個缺口，所以毅然轉身離去。他的紅色衣鞋以及長杖象徵他的行動力，而現在他把這些精力從他過去構築起的歡樂與成就——也就是那八個聖杯——裡移開，轉而尋找失落的那一個聖杯。

為了失落的一個聖杯，而拋棄原有的八個，說他傻嗎？似乎不傻。說他不傻嗎？也不像。這是見仁見智的問題。他其實可以帶著原來的八個杯子一起走，他卻選擇不要，由此可見聖杯八的中心題旨「拋棄」。以往的歡樂、成就、財富，他都不要了，他只要缺少的那一個。我們有時可以遇到這樣的人，有人看他擇善固執，有人看他驢子脾氣，但都不得不承認他的確清楚自己所要的，而且勇氣十足。當身處在沼澤般僵化的局勢中，聖杯八的表現是以行動打破陳規，拿起你的杖，放下眷戀，勇敢前行。

在感情占卜上，顯而易見，代表放棄現有的感情，轉而追尋自己希冀的幸福。那幸福不一定是另一個對象，更有可能是自己的理想與堅持。若與隱士牌或女祭司牌共同出現，更加彰顯此一主題。

八個聖杯中間缺少的那一杯，指出過往擁有的成就總是有美中不足。世上原無十全十美之事，我們可以全盤接受，也可能像聖杯八的這個男子一樣，把焦點放在殘缺之處，心懷失望，毫不滿足，於是出發去尋找失落的部份。成功與否，沒有把握，他可能果真找到，也可能全盤皆輸。但，起碼他有勇氣行動。

從更高的層面來看，聖杯八與孟子之言有異曲同工之妙：「天將降大任于斯人也，必先苦其心智，勞其筋骨，餓其體膚，空乏其身」。簡而言之，聖杯八也可以代表犧牲，亦即象徵放棄現有的物質快樂，以追尋性靈成長，和隱士與吊人的概念隱隱相通。

逆位解析

聖杯八逆位可以有很多種解釋。首先，當事人可能不願或不敢採取聖杯八的行動，不願意突破，而處於現狀。其次，當事人可能貿然採取聖杯八的行動，但他拋棄的事物卻十分有價值，且大有可為，因而事後感到後悔。最後，偉特提供的聖杯八牌義是「極樂、幸福、宴會」，看來聖杯八的男子已經成功脫離淤積的沼澤，找到他人生的春天了。

葵花錦囊

* 聖杯八所拋棄的不只是實質的人或物，也可以拋棄舊有的信仰或價值觀。
* 聖杯八提醒你要留意生活中什麼事情是不需要的，現在就是清理「垃圾」的好時機。

聖杯九
NINE of CUPS

享樂 得意 美夢成真

牌面描述

一個財主裝扮的男子坐在小凳上，雙手抱胸，神情怡然自得。他身後的高桌上，覆蓋藍色桌布，九個聖杯排排站。背景則是一片光明的鮮黃色。

牌義推演

聖杯九的暱稱叫做美夢成真，代表當事人的願望極有可能實現，無論是精神或是物質方面。所謂的「情場得意，賭場失意」定律，並不適用聖杯九，聖杯九可是要「人財兩得」的。財主非常滿意於他的現狀，他洋洋得意的抱胸姿態，顯示出某種程度的自負。

這張牌也可以與錢幣六做個比較，在錢幣六中，我們看到手心向下的財主，與手心向上的乞丐；聖杯九的財主則抱胸端坐，展現一種單純的滿足，無形中與外界隔絕，甚至隱約流露出某種炫示意味。

如果將桌子的擺設看作一場飲宴，不難推測出聖杯九也代表享樂，而且通常是物質感官上的享受，例如一頓奢侈的大餐、一場震撼的電影、一節豪華的SPA、一場狂歡的宴會。相較於與大自然親近的錢幣九，也許聖杯九

代表的享受很膚淺，但是在身心疲憊之餘，沒什麼能比聖杯九這樣的享受更讓人得到舒展的了。

逆位解析

聖杯九逆位，偉特給予的解釋是「真相，忠實，自由」。其實是表示當事人可以超越感官享受的階段，轉而追尋更高層次的快樂，也許是透過禪修、瑜珈，或是任何自我充實的方式。美食和聲光刺激此時已經無法娛樂他，他要的是更長遠的快樂。這其實是對自己忠實的表現，能使人獲致最終的解放與自由。

從另一個角度來看，聖杯九逆位，九個聖杯落到畫面的下方，變得較不顯眼，此時財主似乎是把載滿愛與情感的杯子藏起來了，因而傾向獨善其身，獨樂樂卻不與眾樂樂，與聖杯三的舉杯同樂恰恰相反。

葵花錦囊

* 聖杯九表示你最近達成願望，或是體驗一場宜人的享受。
* 聖杯九如果代表人物，他通常對自己擁有的感到很滿足，但他雙手抱胸的姿勢顯示他不見得願意與別人分享，也不見得能敞開心懷與人溝通。
* 聖杯九和錢幣九都代表成就之後的享受，但兩位人物都是孤獨的，我們可以拿這兩張牌和聖杯三、權杖四做一個對照。
* 聖杯九在健康方面的占卜，代表身體很好，逆位時，注意不要休閒過度，關掉電視，少吃一些吧。

聖杯十
TEN of CUPS

情感團體 家庭 滿足 和諧

牌面描述

在圖中我們看到一家四口和樂融融，父母親摟抱對方，各舉一隻手迎向聖杯彩虹，兩個孩子快樂的手牽手跳舞，背景是青翠的樹木河流，和一棟房屋。

牌義推演

聖杯十主要表現情感聯繫的團體，例如家庭、社團、感情很好的班級、幾個知交好友、良好的親子關係、合作關係、結盟關係。在這其中我們可以得到充份的情感交流與支持，就像是在背後支撐我們的力量，我們知道自己並不孤獨。

歡樂、喜悅和滿足充滿在四周，我們還可將這些幸福與所愛之人分享。敵對不再，而和諧與寧靜取而代之。如果之前經歷一段人際衝突，聖杯十出現，代表和解指日可待。

聖杯九指的是個人的成就與滿足，聖杯十表現的就是在人際關係中的快樂和滿足。誠然，獨樂樂不如眾樂樂，快樂不會因與別人分享而減少，相反的，快樂是越分享越多。

在感情方面的占卜，聖杯十代表兩人已經超越聖杯二的熱戀階段，他們不再只是含情脈脈看著對方，而是共同看著彩虹，迎向璀璨的未來。為了尋求更穩定更恆久的關係，共組家庭是很有可能的決定。與追求事業成功的錢幣十家庭相較，聖杯十在意的是家庭生活中的和諧與快樂，金錢事業上的成功不是他們的主要目標。他們樂於分享愛，付出關懷，簡單的家庭生活就讓他們感到無比富足。

逆位解析

聖杯十逆位，代表情感團體可能出現某種程度的不和。兒女與父母發生衝突、婚姻失和、家變、拆夥、兄弟鬩牆、朋友翻臉等問題可能出現。耐心是必須的，勿因衝動而壞事。

有時聖杯十逆位可能表示當事人不肯承認或接受生活中的快樂，對他人付出的關愛置之不理。

葵花錦囊

* 聖杯十是代表學生社團的典型，因為學生社團主要以情感維繫，且不以營利為目的。
* 聖杯十如果出現在牌陣中代表環境的位置，表示當事人有堅強的精神支持後盾，通常是家人。錢幣十的家庭則提供經濟上或實質上的幫助。
* 聖杯十如果出現在建議的位置，表示你可以充分運用家人或情感團體的支持，同時建議你盡情付出愛與關懷，因為他們會給你更多。

寶劍牌組

寶劍一
ACE of SWORDS

新挑戰 極端 理智 決心

牌面描述

一隻手從雲中伸出，緊緊握住寶劍，寶劍穿過皇冠與桂冠，而遠方是毫無綠意的尖銳山頭，以及灰白空曠的天際。

牌義推演

傳統上，寶劍代表傷害，而所有的一都是一個開端。因此，寶劍一預示一個新的挑戰，可能成功，也可能失敗。如同雙刃的寶劍，可傷人，亦可傷己；可殺人，亦可救人。寶劍一和權杖一都是一個行動上的開端，但寶劍的困難度比權杖一更高，可能引致不討喜的結局，因此要有面對艱難挑戰的勇氣與心理準備。記住，寶劍一只是一個開端，一種可能。未來究竟要如何發展，掌握在持劍者的手中。

寶劍一也可以表示極端，以及任何方面的過度跡象。寶劍是種強而有力的利器，稍一不慎，很可能導致傷害。如同圖中劍尖穿過皇冠，寶劍一表示極端的力量，如同愛與恨，可以建設也可以毀滅。當寶劍一出現，可反思自己是否忘了中庸之道。

圖中的寶劍直立，不偏不倚，顯現出理智的中立力量。寶劍通常與風要素相關聯，因此，儘管傳統上的寶劍牌組中心思想是傷害，但後世有不少人把風要素的涵義加入，於是我們經常可以在書中看到寶劍一有「理智」、「正義」、「知識」、「心智力量」、「決心」、「公平」等相關牌義，也可以代表某種權威，或是尋求權威的必要。

在健康的占卜上，寶劍一可表示手術或打針。看看牌中的手持著寶劍的模樣，像不像醫生拿著手術刀，或是護士拿著針筒的樣子呢？逆位的時候，可能表示外傷。

逆位解析

逆位置的寶劍一與正位意義相差不大，但是面對挑戰時，失敗的可能性更大，結果可能更為負面，宜審慎評估。不公不義或濫用權力的情況可能出現。

葵花錦囊

* 你最近遇到什麼問題或挑戰嗎？寶劍一是所有一號牌中困難度最大的，同時也是所有寶劍牌中傷害性最小的。
* 寶劍一正位時顯示仍有成功的可能，逆位時情況多半不利，最好不要做。
* 寶劍一如果出現在牌陣中代表建議的位置，顯示你應該運用心智力量，也就是專業知識和理性邏輯分析，來處理問題。必要時甚至需要使用強硬作風。
* 寶劍一和寶劍國王都代表尋求權威的必要，特別是遭遇法律或醫學問題時，請尋求專業人士的協助。

寶劍二
TWO of SWORDS

逃避 抗拒 對立 僵局 緊張

牌面描述

身穿淺灰長袍的女人坐在灰石凳上，背對著澎湃洶湧、暗礁滿佈的海洋。
她眼矇白布，雙手持劍，在胸前交叉不動。天際高掛一輪新月。

牌義推演

女人身後的水面代表感情，她不僅背對感情，還布矇雙眼，表現出全然的
逃避與困惑。此舉如同掩耳盜鈴，其實後面的洶湧海面、密佈礁石與多變
新月，早已徹底顯露她的內心情感，而她選擇矇上眼睛，背對不看。很多
時候，我們就像寶劍二這個女人一般，其實真相早在那裡，我們卻選擇不
看，即使有人告知，我們甚至還會死鴨子嘴硬，打死不承認。寶劍二也是
一張有關決定的牌，表示當事人做不出決定，甚或拒絕下決定。

她雙手持劍，並不是雙劍平行而立，卻是交叉在胸前，形成一種抗拒的姿
態。她在防衛什麼？抗拒什麼？她的手臂交叉在胸前，等於交叉在「心」
前，表示她有顆封閉的心靈，無論遇到何人何事，她總會兩手交叉，大聲
說不！她寧願否定一切，也不願打開內心。

女人靜坐不移，兩把寶劍亦斜立不動，互相對立，形成僵局。這兩把劍好像兩股勢力，彼此對峙許久，卻毫無動靜，沒有一方率先打破沉默。因此，寶劍二經常表示雙方鬧僵、對峙與冷戰，有點像是兩個國家都有核武，卻沒人先動手的這種「恐怖平衡」與「假性和平」。有時候，當事人扮演的角色是對峙雙方的中間人，她拒絕站在任何一邊，也沒有大刀闊斧的解決方案，使得事情成為懸案，遲遲未獲解決。

寶劍沉重，女人持劍僵坐在此不知已有多久，她的手臂、肩膀在長期緊張之下，必然酸痛不堪，她嚴重壓抑的情感，也容易影響健康。寶劍二提醒我們，要誠實面對自己的內心情感。無論是什麼，要接受，莫逃避；且放鬆，勿抗拒。把矇眼布取走，將寶劍放下，事情其實沒有那麼艱難。

逆位解析
寶劍二逆位，代表當事人較能做出決定，打破僵局，結束緊張，停止抗拒。但因海面與礁石移到牌面上方，隱藏的謊言、欺詐可能會浮出水面，因此和諧與安寧暫時仍不可得。

葵花錦囊

* 李小姐的朋友告訴她說她的丈夫有了外遇，李小姐非但不相信，還把她朋友罵了一頓，回家之後，發現丈夫衣領上的唇印，還安慰自己說那只是不小心沾到，一方面逃避現實，一方面又心中矛盾，這樣的心理，正是寶劍二的寫照。
* 寶劍二出現在環境的位置，顯示週遭有某種對峙的情況，可能形成僵局。
* 寶劍二出現在建議的位置，代表你應該暫時維持中立狀態，暫時對險惡的環境置之不理，讓局面保持現狀。

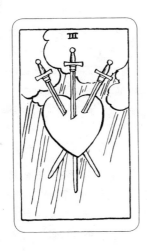

寶劍三
THREE of SWORDS

悲傷 失落 延遲

牌面描述

映入眼簾的是一幅令人痛苦的畫面。即使是完全沒有接觸過塔羅牌的朋友，也可以輕易道出寶劍三的涵義——傷心。三把劍合力刺進一顆鮮紅的心，背景是灰暗的雨和雲。某些版本的塔羅牌給這張牌一個更直接的名稱，叫做「悲傷」。

牌義推演

寶劍三雖在混亂中，但卻仍然保持著某種和諧，請注意三把劍形成對稱的型態。這張牌的課題就是「接受你的悲傷，並且安然度過」。悲傷是必須的，悲傷使人成長，所以，請不要拒絕悲傷，只要接受並體驗，它就會轉化為成長的力量。

除了悲傷之外，寶劍三還表示失落、孤立、痛苦、分離。引起悲傷的原因很多，也許是情人的離開，或者好友的背叛。然而，相較於寶劍六，寶劍三只是誠實地描述心碎的模樣，並沒有描述療傷的過程；也就是說，當事人可能在情感上受了傷，卻看不開、放不下，沉溺在自憐自傷的情緒中，導致傷口遲遲無法痊癒。在健康方面，可能代表受傷或手術，同樣有傷口

等待時間讓它痊癒。

幻滅是成長的開始。寶劍三的課題在於接受並放下，不必壓抑悲傷，也不要太過沉溺。接受身旁的人給予的幫助與關懷，可以讓你不至於鑽牛角尖。

逆位解析

寶劍三其他的涵義還有延遲、缺席。逆位置仍然具有正位的意義，不過多了幾項可能的附加意義：第一，傷心的是對方。第二，該痊癒了，當事人卻仍沉浸於悲傷中，不願接受別人幫助，因而難以痊癒。第三，傷心的程度沒有正位那麼嚴重。偉特指出寶劍三逆位可能表示「心理上的孤立」，這也許說明了第二項解釋的理由，因為把自己封閉起來，所以對其他人提供的幫助視而不見。

葵花錦囊

* 請將寶劍三和寶劍六、聖杯五、寶劍九拿出來對照，同樣都是悲傷失望的負面情緒，它們之間卻有些微差異。寶劍三是受到傷害的當下，寶劍六是傷害過後的憂鬱以及療傷的過程，聖杯五強調失落的悲傷，寶劍九則強調惡夢般的折磨或悔恨。
* 寶劍三出現在建議的位置，經常讓人錯愕。其實它是建議你，要痛就徹底的痛一回，不要壓抑悲傷的情緒，將事情徹底了斷，悲傷有也它的作用。另一方面也可能建議你延期或請假。

寶劍四
FOUR of SWORDS

休息 消極 沉思 準備 隱遁

牌面描述

圖中的男人在類似修道院的建築物內休息，雙手合抱胸前，呈現安詳的狀態。彩繪玻璃表現一個祈禱者跪在聖母面前的畫面，好像在尋求什麼建議，以獲得內心的寧靜。三把寶劍掛在牆上不用，但他身旁仍保有一把寶劍，當他醒來，隨時可以拿起寶劍來採取行動。

牌義推演

寶劍四沒有其他寶劍牌那樣的混亂不堪，它通常是一張代表消極不動的牌，但並非全然無為（注意他手邊的劍！），而是在一段休息的過程中儲備精力，暫停目前的事務，好好沉思下一步的動向。等他準備妥當，隨時會再起身，繼續未完的計劃。所謂「休息是為了走更長遠的路」，正是寶劍四的核心意義。我們可以將其視為暫時性的退休，從戰場中暫時退下。在健康的占卜中，寶劍四可能代表住院。

當寶劍四出現的時候，通常代表當事人正處於一種休息的狀態，或是他需要慢下生活步調，好好休息一陣，然後重新出發。他先前可能太累了，或者是想要逃避，而在休息的過程中，當事人注意的重心會由外在世界轉向

內在心靈，獨處的時間也增加了，因此這也是張「充電」的牌。抽到寶劍四的時候，要提醒自己切勿急躁，凡事細細想，慢慢來，是有好處的。

逆位解析

逆位置的寶劍四比正位置的積極，通常當事人能在較短的時間內休息妥當，獲得精力，並且已思考充分，準備繼續投入生活，達成未完的事務。

健康方面，如果先前生病了，寶劍四逆位表示即將康復；如果不是，則可能表示無法充分休息，通常是睡眠方面的障礙。寶劍四與錢幣七、聖杯四、吊人、隱士、女祭司等靜態的牌都有異曲同工之妙。

葵花錦囊

* 老張是個生活繁忙的業務員，平日壓力很大，長期下來似乎得到了職業倦怠，這時候他決定放自己一個禮拜的假，什麼都不做，就是待在家裡獨處，這就是寶劍四的寫照。
* 過去你可能遭遇一段不太好受的生活，現在可以暫時休息，充電一下。
* 寶劍四出現在牌陣中代表環境的位置，顯示目前處於休兵狀態，可以暫時鬆一口氣。
* 寶劍四和隱士在感情方面的占卜上，都有隱遁的意義。此時你需要更多獨處的時間與空間，也可能正在重新衡量這段感情。

寶劍五
FIVE of SWORDS

無謂的勝利 自私 失落 爭執 屈辱

牌面描述

紅髮的男子右手抱著兩把劍，左手拄著另一把，回頭注視遠方兩個失敗者，嘴角似乎帶著微笑。很明顯的，他們剛結束一場爭執，也許暴力相向。

地上還散落著兩把劍。另外兩人中，一人悵然離去，一人用手搗著臉，似乎難以接受，或者感到傷心羞辱。天空中被風吹散的雲彷彿也在說著他們爭執的故事，看來很不寧靜。

牌義推演

寶劍五的主角，這位血氣方剛的男子，剛剛獲得勝利，他看來很得意，卻不知這場勝利並沒有任何好處，這是損人不利己的行為。得到幾把寶劍又如何？殊不知他失落的更多。他展現出自私的胸懷，還有不能為他帶來好處的野心。因此寶劍五在占卜上，可能表示得到勝利，不過這場勝利卻沒有什麼好處，只是無謂的勝利罷了。建議當事人想想自己如果勝利，究竟能得到什麼長遠的益處？自己是否展現出自私野心的一面，甚至做出損人不利己的行為？

寶劍五也是一張代表爭執的牌，與權杖五類似，但重點不同。權杖五是

一群人僵持不下的畫面，勝負尚未分曉，每個人都還很努力要獲得勝利；寶劍五的場景在爭執結束之後，結局卻是誰也沒得到好處，贏的人表面得意，骨子裡失去的更多，輸的人心中黯然，甚至感到丟臉屈辱而掩面哭泣。可見寶劍的傷害性比權杖更強，在過程中很可能不知不覺傷害他人。

寶劍五也可以代表敵意。這場爭執不像權杖五，起碼是個公平的競賽。寶劍五的爭執中，很可能有人會刻意傷害對方，甚至不擇手段，以贏得最後的勝利。在爭鬥的過程中，寶劍也可能刺傷參賽者的肉體。參賽者可能短視近利，忘記了比賽最終的目的，只是為得勝而得勝，甚至是為了把對方打敗而得勝。因此當寶劍五出現時，需審視週遭有沒有對你懷有敵意的人，對你做出傷害性的行為。這種傷害不一定是身體上的，光是言語就形同利刃。

逆位解析

寶劍五逆位的意義與正位類似，但是失敗的機率較大，當事人很可能扮演途中遠方失敗者的角色。失敗、屈辱、受害的狀況都有可能發生。也有人將寶劍五逆位解為從自私的行為中解脱出來、停止無謂的爭執、不再被謠言困擾等。

逆位的解讀沒有對錯之分，個人的感覺比較重要，因此切勿死背，選擇自己能接受的牌義才是最好的方式。

葵花錦囊

* 寶劍五出現，顯示目前的爭執是損人不利己的，請即刻停止，為自己保留一點風度。
* 寶劍五的勝利，贏得不光彩，也沒有實質上的益處。
* 正位時當事人通常爭勝，逆位時則扮演失敗的一方。

寶 劍 六

SIX of SWORDS

憂鬱 療傷 痊癒 旅行

牌面描述

一艘小船上插著六把寶劍，船上有一個女人、一個小孩與一位船夫。船緩緩的朝遠方的岸邊前進，而此端的水洶湧，彼方的水平靜。

象徵傷害的六把劍插在船身上，以及三個主角哀傷的背影，構成寶劍六緩慢低迴的基調。沉重的劍身讓船夫只能緩行，療傷的過程亦同。

但是我們不能把寶劍抽起，否則船會沉，正如我們不能把過去的哀傷連根拔起，只能輕輕的撫平。也許你該慶幸，這些寶劍並不能使船沉沒。

牌義推演

寶劍六沒有寶劍三或是寶劍九、寶劍十那樣怵目驚心的意象，也沒有寶劍五那樣令人不悦的衝突，有的只是淡淡的憂鬱。事情不很糟，但也不很好，環繞當事人的是低落與微微的沮喪。也許你想掉淚，卻哭不出來；也許你想故作堅強，但眼淚這時又不聽使喚的紛紛落下。或許，你可以學牌中披著斗篷的主角，把自己藏起來，隔絕在人群外，然後慢慢療傷。

這是受傷後康復的過程，不管傷多重，總是能痊癒。水象徵情緒，這端洶湧的水是你煩擾的過去，前方大片平靜的水面，預示未來安詳的情緒。船夫手持黑色長篙，黑色象徵潛力，將來什麼都還是可能發生，不要將自己困死了。寶劍六是一個通道，領你向未來的幸福快樂前進，光明的日子就在前方。

寶劍六另外一個重要的意義是旅行，特別是與水有關的旅行。例如海灘、河邊、小舟、遊輪。

逆位解析

寶劍六逆位，洶湧的水就跑到上頭了，表示未來有更多艱難。當事人遲遲無法痊癒、不肯接受幫助、鑽牛角尖或是遇到更多困難。再者，寶劍倒插可能會掉落，船恐怕會因此沉沒。

不過，另一方面，寶劍六逆位反而可能代表溝通與揭示。正位的時候主角把自己藏起來與世界隔絕，逆位時反而會主動揭露心事。將過去的傷痛說出可能導致痛苦，但也可能是痊癒的開端。

葵花錦囊

* 寶劍六出現在牌陣中代表建議的位置，表示你應該要從傷痛中一步一步走出來，過程可能漫長，但一定要付諸行動。
* 「解決問題」也是寶劍六的牌義之一，看看被寶劍插滿的船隻緩行的意象，就像一步步解決難題的過程。
* 塔羅牌中代表旅行的牌有很多，意義各自不同。寶劍六代表與水有關的旅行，你還能找出幾張代表旅行的牌，並指出它們的不同？

寶劍七
SEVEN of SWORDS

欺詐 孤立 嘗試 自信

牌面描述

圖中的男子身處軍營中，趁著遠方敵人炊飯沒有防備時，悄悄偷走五把劍，還留著兩把在原處。

牌義推演

這個男子孤軍奮戰不鬆懈，躡手躡腳溜離象徵社會與人群的彩色軍帳，所以寶劍七具有孤立的意義。同樣是以寡敵眾的的主題，在權杖七中，地勢對主角有利，但在寶劍七中，卻非如此，他一人力量畢竟有限，所以無法使用光明正大的方式與敵人交鋒，只能偷偷摸摸的用這種欺詐又狡猾的方式，企圖減弱敵人的戰力。

因為搬不動而留在身後的兩把劍象徵這個嘗試有其危險性，萬一東窗事發，他可能會遭到慘烈的下場。不過，值得注意的是，他不因困難而退縮，反而懷抱希望，奮力為生存努力，顯示出內在的自信，這點我們也可以從他的表情中看出來。

寶劍七的這個男人有點類似電影中的獨行俠，從思索計策到付諸實行都是一

手包辦,且極少跟旁人打交道。這樣的處世方式也許有用,但並非永遠行得通。如果抽到寶劍七,也許當事人該檢視一下自己的處理方式是否適用。

再者,寶劍七經常代表欺騙、狡滑、背叛或詭計。當事人可能是說謊的一方,也可能是受騙的一方。如果是說謊的一方,請務必三思。如果是受騙的一方,一定要嚴加小心。

寶劍七的背景是一片鮮明的黃色,代表積極與光明。另外,從牌面上和男子的表情看來,似乎已經成功了,但事實不然。男子身後的兩把劍警告我們這個舉動是危險的,而且即使成功了,也不一定徹底,因為只要留一把劍給敵人,傷害就不免發生。所以寶劍七基本而言代表做一件困難的事情。想要成功,就一定得付出極大的心力。不過我們仍然不要放棄希望。

偉特在書中指出,寶劍七代表「計策、嘗試、心願、希望」;另代表「爭吵、可能失敗的計劃、使人煩惱的事物」。雖然有負面牌義,但正面的牌義仍在。「可能失敗」的計劃不等同於「失敗」的計劃,只要懷抱希望,付出努力,成功仍然是可能的。

逆位解析

偉特給寶劍七逆位的解釋為:「忠言、商議、指導、毀謗、胡言」。通常此時當事人不再孤軍奮戰,起碼身邊有人提供建議。謊言詭計可能東窗事發。

葵花錦囊

* 你最近是否有欺騙別人,或是被騙?寶劍七顯示謊言的可能。
* 寶劍七代表獨立工作者,大小事他都一手包辦,也許顯得有些神秘,相對地,他的合作性和合群性也比較低。

寶 劍 八
EIGHT of SWORDS

劃地自限 壞消息 壓迫 迷惑

牌面描述

一個女人眼睛被布矇住，上半身被綑綁著，身處八把寶劍群中。地上滿是象徵羞辱的泥濘，而遠方是座矗立於峭壁之上的城堡，象徵綁住她的權威。

牌義推演

八號牌與「評估與前進」相關。聖杯八所表現的主題是「重新評估再前進」，錢幣八表現「逐漸前進」，權杖八表現「迅速前進」，而寶劍八正位的主題則是「評估與前進的困難」。很明顯的，女子在眼盲手縛的情況下，四周又都是寶劍，使其受到重重的限制與壓迫，她看不見四周，感到非常無助，好像自己是個睡美人，只能消極等待王子來拯救。

但請注意，女子的腳並未被綁住，寶劍也沒有將她完全困住，四周更無人看守，只要她肯跨出腳步，自由就在伸手可得之處。因此，寶劍八代表的限制不一定全然是外界給予的壓力，更常見的狀況反而是當事人劃地自限。破案關鍵即在於矇住她雙眼的布條，因為對四周的無知，所以害怕，所以迷惑，不敢跨出第一步。

我們在生活中常常故步自封，認為自己做不到，或者是單純出於對陌生事物的恐懼，因而畏縮退卻，殊不知事情根本沒有像自己想像的那麼困難。如果你經常感到壓力，覺得受到束縛，請仔細想想，這些壓力是不是多半自己找來的？如果覺得對未來很不確定，心慌意亂，寶劍八的訊息是：請把眼罩取下。走出泥濘與劍陣，其實很容易。只要擁有堅定的信心，即使看不見前方，也能闊步而行。

寶劍八和寶劍侍者或權杖八逆位一樣，都代表壞消息。寶劍八在健康的占卜中，表示生病。少數時候甚至表示牢獄之災。在感情方面，可能意味著當事人看不清事實，自己鑽牛角尖，走不出來，而感到徬徨無助，甚至覺得自己才是受害者。

逆位解析

寶劍八逆位，女子開始察覺自己的無知，是覺醒的起點。她將移動腳步，獲得自由，真正表現出「前進」的真諦。

葵花錦囊

* 寶劍八和寶劍二都有個女人被布矇住雙眼，寶劍二是自己選擇逃避，寶劍八則畫地自限。請你試著找出更多共同點和相異處。
* 江小姐自認外貌不好，學歷也不高，家中還有一個智障弟弟，因此她總是認為自己不值得男人追求，而拒絕了許多欣賞她溫柔體貼個性的追求者。其實她的那些顧忌，追求者根本不在意。江小姐就像寶劍八中的女子一樣，自我設限。
* 寶劍八出現在環境的位置，顯示環境中有很多阻力或敵對，你可能處在遭遇麻煩的情況中。
* 寶劍八無論正逆位，都提醒你要注意到自己的腳是自由的，逆位時，更直接建議你要馬上跳出限制。

寶劍九
NINE of SWORDS

絕望 夢魘 痛苦 失眠

牌面描述

午夜夢迴，一個女子從睡夢中驚醒，把臉埋在雙手中。牆上橫掛著九把劍，看起來彷彿從後面刺穿那女子，帶給人極大的壓迫感。棉被圖案是由象徵熱情的玫瑰，以及星座符號組成的。床側則雕刻著一人擊敗另一人的畫面。

牌義推演

寶劍九表達人世間最深的恐懼。寶劍三起碼能夠接受傷心，寶劍六緩慢療傷，寶劍十裡的人已經人事不知了，唯有寶劍九中的女子仍然深受困擾，感到極度的絕望。寶劍九的暱稱又叫「惡夢牌」，當人被困在夢魘中時，他是不知道自己有出路的，只能不斷的承受絕望，苦苦掙扎。唯有徹底覺知的人，才會知道，原來只要睜開眼睛，就能不再受恐懼纏繞。

極深的痛苦，極大的壓力，造成夜夜失眠的後果。是什麼讓你如此害怕？是何事這樣困擾著你？是什麼經歷讓你感到這般屈辱而羞愧？你是害怕失敗，還是害怕失去？甚或單純不敢面對未來的不確定？你做了什麼虧心事嗎？你的信心為何崩解？你的內在力量到哪裡去了？當你在脆弱的深夜時

分想起你最恐懼的事物，你是否仍相信明天？

有時候，悲慘的事情並非直接發生在當事人身上，而是發生在當事人親愛的人身上。有時候，壞事發生在親愛的人的身上，比發生在自己身上還讓人傷心。

在健康的占卜中，寶劍九代表失眠、惡夢，或者是頭頸胸的疾病。有時候代表手術。若是同時與死神、寶劍十、塔等象徵結束的牌出現時，也許必須面對最不希望的結果，而這是人世間必經的課題。

逆位解析

寶劍九的癥結在於當事人看不到希望存在，逆位時，則比較能看見光明面，或是光明面即將到來。

要相信時間能治癒一切，請想想《亂世佳人》中郝思嘉最後的告白：明天又是嶄新的一天。

葵花錦囊

* 白媽媽有一天接女兒放學時因故遲到，女兒竟被壞人綁架、強暴並折磨至死，親眼目睹女兒慘不忍睹的遺體的白媽媽，雖然已經過了許多年，仍然會在午夜夢迴時，因自責而悲傷落淚。這就是寶劍九悲傷的寫照。
* 寶劍九描述深沉的折磨、絕望、屈辱與悔恨。折磨你的可能是某個人或某件事，甚或是自己的想法。
* 寶劍九出現在牌陣中代表建議的位置，表示你應該誠實接受自己的感覺，面對它，然後釋放它。

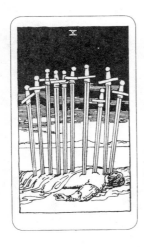

寶劍十
TEN of SWORDS

慘痛 結束 黎明前的黑暗

牌面描述

一個俯臥的男人，背上插著十把劍，有一把甚至從耳朵插進去。這畫面實在令人怵目驚心。牌面中有一半被黑色的天空和烏雲所佔去，多少暗示寶劍十這張牌是大家避之唯恐不及的所謂的「壞牌」。

牌義推演

寶劍十通常的涵義非常負面，包括慘痛、難過、痛苦、結束、失敗，以及任何你能想到令人不悅的詞彙。牌面上男子的不僅是死去，而且還是被十把劍給刺得慘死的。

每個牌組的十號牌都代表該牌組「過度」的狀況：權杖十被過多的責任壓得累垮，聖杯十中人人都幸福洋溢，錢幣十的生活富裕卻缺乏情感交流，寶劍十則表現的是寶劍特質的濫用所造成的後果，因為寶劍是兩面刃，要殺人一把便足夠，怎麼需要十把呢？男子又是從背後被刺死的。

現在是人生中的黑暗期，然而，好壞並非絕對。男人身上披著的紅袍象徵他對生命的熱忱，而遠方曙光已現，似乎在告訴我們，這只是黎明前的黑

暗罷了。河川中的水平靜無波，和前面寶劍二與寶劍六中洶湧的浪迥然不同。也許事情沒有想像中的那麼糟。沒有死亡，哪有新生？只要熬過了這一陣，就能成為破繭而出的蝴蝶，翩翩飛舞。寶劍十提供我們一個機會來放棄生命中不需要的事物，以為了更美好的將來做準備。

感情婚姻或事業方面，寶劍十往往代表痛苦的結束。在健康方面，寶劍十可能代表背部或脊椎方面的毛病，在極少數的情況下，與其他類似意義的牌同時出現時，才有可能代表死亡。

逆位解析

寶劍十逆位，偉特詮釋為：優勢、獲利、成功，但是不持久。把牌倒過來看，插在男人身上的十把劍大概會掉下來，傷害性似乎沒那麼大了。此時當事人可能僥倖逃過一劫，但仍無法倖免這過程中的痛苦。

每一個事件，無論好或壞，都有意義。寶劍十出現，癥結在於如何從失敗中學習，從痛苦中成長，這才是寶劍終極的意義。

葵花錦囊

* 寶劍十顯示傷害已經造成，而無可挽回。但你仍然可以慶幸，這個衝突或問題總算告一段落，雖然結局不是你樂見的。
* 寶劍十出現在牌陣中代表建議的位置，表示你應該全然接受所遭遇的失敗、麻煩、衝突或逆境，它們現在都結束了，你卻可以重新出發。
* 男人被十把寶劍釘在地下的畫面，暗示目前你可能受到某些限制，不能自由行動，也可能不能自由選擇。

錢幣牌組

錢 幣 一
ACE of PENTACLES

財富 享樂 安全 實質 金錢計畫

牌面描述

雲中伸出一隻手,捧著一枚錢幣。背景是花草滿佈的繁盛庭園,綠樹拱門外的遠方有座白色的山,暗示錢幣一不只有關物質,也可以延伸到精神層面。

牌義推演

錢幣牌組的土要素,代表人世間最實際的東西,包括金錢、財富與身體。當錢幣一出現時,通常代表一個有關金錢或物質的新計劃,例如投資計劃、購物購屋計劃、創業計劃等,且前景光明。但這並不代表從此以後就飛黃騰達直到永遠,而是一個提示,你想要的東西就在伸手可得之處。實占上,錢幣一可以表示加薪、獲利、進帳、投資機會、獲得報酬、繼承遺產、餽贈等。

錢是拿來花的，對應到牌義上就是休閒享樂，因此錢幣一也可以表示逛街、購物、吃喝玩樂等娛樂活動，而且主要是肉體感官上的娛樂。少數情況下，也可象徵心靈上的富足。在感情占卜上，錢幣一可以代表一段穩定且充滿感官享受的關係，也可以表示一段感情的實質化的動作，例如送上結婚戒指。關於任何與身體有關的占卜中，錢幣一都是好兆頭。錢幣一是張將夢想化為實質的牌。聖杯牌組中，我們有夢；錢幣牌組中，我們築夢，夢想不再只是空中樓閣。錢幣一讓我們穩健，踏實，有安全感。

逆位解析

錢幣一逆位，表示財務上的決策可能失利、報酬太少或延遲、減薪、亂花錢、破財等。健康不利。逆位時，建議當事人採取保守態度，守成為宜。

錢幣二
TWO of PENTACLES

波動 彈性 平衡 娛樂 抉擇

牌面描述

一個紅衣裝扮，頭戴高帽，類似街頭藝人的男子，正在耍弄兩個錢幣，錢幣外圍的帶子形成 8 字形無限符號，魔術師和力量牌中也有這個符號。他背後的海面起伏劇烈，兩艘船正在其上行駛。

牌義推演

從高潮迭起的海面和藝人耍弄的錢幣看來，錢幣二狹義上表現財務狀況的波動，廣義來說更表現人生的潮起潮落。人生就像行駛於海面上的船隻，隨著浪潮起落，經歷各種變化。所以抽到錢幣二的時候，當事人經常面對某種程度的波動，包括感情、財務或其他方面的波動。當事人也許需要同時應付許多狀況，就像馬戲團裡拋球的小丑一般，必須同時兼顧好多顆球。小丑也可能遇到人生的抉擇，看他似乎正在掂量兩枚錢幣的重量，要從二者中擇一，而他的內心就像背後的浪濤一樣，七上八下，搖擺不定。大體來說，錢幣二是張游移不定且變化多端的牌。

保持彈性，是錢幣二帶給我們的另一個課題。面對人生中的風浪，我們要學習小丑的從容以對。所謂「兵來將擋，水來土淹」。錢幣二沒有原則，

他根本就不需要守原則，這就是他的最大長處。剛則易折，柔能克剛，錢幣二的小丑深諳此道，他懂得順應局勢，保持彈性，以求取生存。誰說當牆頭草不好？小草比大樹還不容易斷折。

除了隨機應變的彈性，錢幣二也求取平衡。如同前面所提，錢幣二經常表示當事人需要同時應付不同面向的人事物，他可能必須同時應付老闆與客戶，還得兼顧家人，或者是同時應付工作與學業的沉重壓力。在這麼多顆「球」之間，小丑必須保持平衡，對每顆球都施以相同的力道，這球才能拋得好，拋得久。錢幣二要求你八面玲瓏，長袖善舞，不要死守著某個人或是某件事。多方發展，才是上策。在財運的占卜中，錢幣二可能表示收支平衡，但也有財務糾紛的可能。

錢幣二最表面的意義就是娛樂。這小丑在街頭表演，就是一種典型的娛樂形式。錢幣二象徵充滿快樂與歡笑的好時光。如果你最近感到低落，錢幣二建議你多多玩樂，將會更有活力。

逆位解析

錢幣二逆位，好像船在浪潮中翻覆，原因不外乎缺乏彈性或失去平衡。建議當事人徹底先把原則放在一旁，放棄古板的思想和死腦筋，要跟上潮流，要臨機應變，要像小丑一樣隨波起舞。如果最近有太多娛樂，錢幣二逆位可能暗示過猶不及，不要樂極生悲了。

葵花錦囊

* 錢幣二的牌義非常多元，你只要接受自己認為有道理的就好。
* 錢幣二出現在建議的位置，提醒你要拿出適應力，不必守原則，隨時做調整。另一方面也暗示你可以盡情休閒娛樂。視情況而定。
* 你可能必須同時應付各種狀況或人物，環境瞬息萬變。

錢幣三
THREE of PENTACLES

合作 協調 計劃 榮譽 才幹

牌面描述

在一座修道院裡頭，有位雕刻師正在工作，旁邊兩位修道人拿著草圖，似乎正在和雕刻師討論工作的進度。

牌義推演

建築一座修道院需要多人合作，圖中三人各司其職，修士修女提供建議，雕刻師憑著一雙巧手刻出想要的樣子。合作的期間更需要多次協調溝通，才能確保工程順利進行。因此錢幣三在占卜上經常代表團隊工作，通常是有某個特定任務要完成的團隊，隊中每個人目標一致。另外，團隊工作不是一個人想做什麼就可以馬上去做，一定要先經過計劃（如修女手中的草圖），即使是有經驗的雕刻師，也需要事先依照草圖進行，並且在過程中多次與其他人討論。

小牌中所有的三號都代表該牌組的初步完成。錢幣的最終目的是要得到經濟上的成就，類似錢幣十。而錢幣三表現的是工作的初步成果，這名雕刻師已經雕出了初步的花紋，他的鬼斧神工已經贏得大家的讚賞，但工作尚未完成，還有很長的一段路要走。所以錢幣三也代表因專業能力與努力而

獲得的成就與榮譽。社會人士可能獲得升遷或加薪，學生能得到好成績，拿到學位或獎學金。在感情占卜上，錢幣三可能表示工作團隊中的戀情、經營兩人的愛巢，也可能暗示兩人把重心都放在金錢、物質、地位，而缺乏情感交流，畢竟錢幣的重心不在感情。

錢幣三是一個鼓勵，鼓勵當事人不管在進行什麼樣的工作，都可以仔細計劃，然後放手去做，因為他具備完成工作所需要的專業能力，他有充足的才幹來達成手邊任何任務。錢幣三的成功不是偶然，他不僅有專業能力，還實實在在的工作。

牌義推演

錢幣三逆位可能是工作上出現問題，可能是對目前的工作不滿意、計劃不周詳、團隊成員不和，或是個人經驗、知識或能力不足。

逆位建議當事人應該要多學習，更努力，才能獲得足夠的能力來應付目前的工作。

葵花錦囊

＊「計畫」、「合作」與「技術」是錢幣三成功的不二法門。

＊錢幣牌組的工作方式偏向實用主義，寶劍牌組才是研究抽象理論的。

＊每一個成功企業和經典電影背後，都有一個錢幣三的工作團隊。

＊請比較錢幣三和錢幣十，同樣是事業團體，前者是第一線的工作團隊，後者偏向家族企業或事業夥伴。

錢幣四
FOUR of PENTACLES

獲利 控制 佔有 遺產

牌面描述

圖中的男人戴著皇冠，身穿象徵統治威權的紅色袍子，下擺飾以藍邊，顯示出崇高的領主身分。他坐在一個箱子上，頭頂一枚錢幣，雙手緊抓著另一枚，雙腳又各踩著兩枚，緊張的神情似乎深怕他失去任何一丁點財產。

這個人雖有錢，卻孤絕於城市人群之外。錢幣四有個暱稱叫「小氣鬼」或「守財奴」。

牌義推演

也許你我身邊都有這麼一位守財奴，買了一輛名貴的轎車，整天保養，平常捨不得開，開出去又怕被偷被刮，停車的時候必須小心翼翼深怕撞壞，有點小擦傷就心痛不已，說他是車主，不如說是車奴。又好比小氣的富翁，身價上億，大地震時卻只捐出一萬元賑災。這些都是守財奴的典型例子。

錢幣四正位置常代表物質上的獲利與穩定，獲利的來源可能是工作，也可能是接受贈與或遺產。然而，錢幣四代表物質上的穩定，卻不保證心靈上

的成長。逆位置的錢幣四突顯控制、支配與佔有的一面。就像圖中緊抓錢幣不放的男子，錢幣四代表緊緊抓住物質資產不放，或者是緊抓某個人不放（因為他當那個人是他的）。若他是位情人，會是個忌妒心重，很愛吃醋的情人。若是老闆，就是那種遲遲不肯加薪的小氣老闆，雖然理財能力可能不賴。

塔羅牌中所有數字四的牌都代表某種形式的穩定與秩序，錢幣的土要素也代表穩定。如此一來，穩定加上穩定，不變加上不變，難免流於僵化固執，尤其是逆位置的時候。也許在正位置時，錢幣四領主袍子上象徵權威的紅色與象徵木星慈善的藍色處於平衡狀態，他會是個不錯的領導者，能享受生活且不致流於小氣。而逆位置時卻會變得自私自利。

逆位解析

逆位置的錢幣四除了前面提過的小氣、自私、僵化、固執之外，也可能代表他想守住財產，卻事與願違。因為當牌顛倒時，他頭上的錢幣就落了下來，腳踩的錢幣也岌岌可危了。

葵花錦囊

* 錢幣四顯示自我中心、自私與吝嗇，反省一下你最近是否有類似的表現，還是別人有這樣的表現？
* 美國塔羅名家 Mary K. Greer 曾經這樣比喻錢幣四：希臘神話中，有位國王邁達司（Midas），想要點石成金的能力，最後竟將女兒也點成黃金。這說明了錢幣四的貪婪特質，他想要「擁有」物質，殊不知物質並不是一切。

錢幣五
FIVE of PENTACLES

———

欠缺 貧窮 疾病 艱困 愛侶

牌面描述

冰天雪地中，兩個乞丐蹣跚前行，又瘸又駝背，身上的衣服破爛不堪。他們經過一間象徵物質與精神庇護的教堂，卻視而不見，挺著飢餓且疲憊的身軀，逕自趕路。

牌義推演

很明顯的，天寒地凍中兩個病弱乞丐的意象，立刻就讓人聯想到物質上的貧窮。其次，其中一位瘸子乞丐，象徵身體上的疾病。錢幣五通常也代表一段艱困的時光，無論是在物質或精神上的。

另外一個偉特本人提到的涵義，錢幣五也代表愛情，特別是處於艱困情境中依舊心心相印的愛侶，因為這兩個乞丐在貧困中相互扶持依靠，雖然貧賤夫妻百事哀，他們仍不離棄對方。

錢幣五出現，顯示某方面的欠缺，可能是缺乏精神支持，可能是沒有財務支援，可能是資訊或知識不足，也可能是沒有貴人相助。再仔細看圖面，我們可以發現教堂有窗卻沒有門，這是個很值得思考的問題：是乞丐忽略

了門的存在嗎？還是其實他們看見了，卻自己拒絕進入？或者是教堂根本沒有門？教堂理應是個溫暖的處所，提供人們精神上的支持，但這兩個乞丐卻無緣得到，其原因值得深究。

如果是第一項假設，我們可以說其實有支援，是當事人沒去找，或根本沒注意到。如果是第二項，也許有人願意幫助他，他卻自己拒絕了。第三項假設，表示當事人求援被拒，或者根本沒有幫助的來源。從這個議題，我們可以發現，塔羅牌的牌義可以是很豐富，很自由發揮的。

逆位解析

偉特的書中寫道逆位置的錢幣五代表「不協調、混亂、毀滅、不和、放蕩」。也許在逆位置時，這兩位乞丐的命運將更加多舛，因為教堂在下方，更加隱而未見了。

另一種解釋是從逆境中艱困求生，化險為夷。至於如何判斷當事人的命運是更加悽慘還是逢凶化吉，則視牌陣中其他的牌或當下直覺而定，當事人也必須為自己的命運負擔責任，才能盡最大的努力，得到最佳的結果。

無論如何，再艱難的時光總會過去，當它過去，一切都雨過天晴了。正如同這兩位乞丐，即使再難熬，他們仍堅持活下去。黑暗中曙光仍會出現。

葵花錦囊

* 錢幣五代表某方面的失去或匱乏，例如失業、財物損失、知識不足、人手不夠、資源貧乏。
* 錢幣五傳統上可以代表婚姻或配偶，因為在西方婚禮的誓言中，雙方承諾即使在疾病或困厄中也不離棄對方。這樣的牌義在東方社會較難理解。
* 錢幣五出現在建議的位置時，顯示你必須堅定信念，度過難關。

錢幣六

SIX of PENTACLES

慈善 慷慨 理財 施與受 寬大

牌面描述

一個商人裝扮的男子，腳邊跪著兩個乞丐。商人右手施捨其中一名乞丐，
左手拿著象徵平衡的天秤。

牌義推演

這名商人並非一毛不拔的小氣財神，他懂得回饋社會，因此他是一位慷慨
的慈善家。但是我們必須注意天秤與兩名乞丐之間的玄機，天秤代表商人
在給予之時，他非常清楚兩個乞丐中，該給哪位多少資助。給太多，給太
少，都不是恰當的幫助。所以商人不僅懂得慈善，他也精於投資理財。

值得注意的是，錢幣六可以由兩個角度來看，商人以及乞丐。當事人可能
扮演商人的角色，也可能扮演乞丐角色。在施與受之間，你知道自己扮演
哪個角色嗎？

實際占卜中，從「受」的角度來看，錢幣六可能代表獲得你想要的東西，
也許是朋友償還積欠已久的債務，也許獲得旁人雪中送炭，也許得到期待
多時的資金，也可能是一份禮物，甚至遺產，而當事人通常能得到公正的

對待。當然，從「施」的角度來看，當事人可能是為旁人而付出、捐獻、餽贈。手心向下是福氣，藉由付出，我們能得到更多。

另外，錢幣六也代表理財，好像那位手持天秤的商人，可能收支平衡，或者開始存錢，嘗試投資。一般來說，通常都能做出合宜的決策。

施與受中間不只是金錢，知識、經驗、技術的傳授也算。所以錢幣六也代表知識、經驗、技術的傳授或是學習。例如指導老師提供學生建議等類似的情形。

感情方面，經常形成上對下的不平等關係。在聖杯六中，是一方照顧另一方；錢幣六中，則是一方施捨另一方。逆位時，甚至會演變成一方控制另一方。

逆位解析

錢幣六逆位，商人變得小氣，不肯提供乞丐資助，因此扮演乞丐的當事人可能無法獲得原屬於他的東西，或者扮演商人的當事人自己非常吝嗇，一毛不拔。再者，商人也變得不懂平衡的真諦，喜歡亂花錢。財務出現危機，也許被人倒帳、欠債不還、投資決策錯誤、受到不公正的對待。有時，錢幣六逆位表示遭到偷竊。

葵花錦囊

* 錢幣六的分享不只是金錢上的分享，還包括知識、技能、消息等抽象物。
* 錢幣六也代表日常財務往來，也許你最近收到匯款、支票、獎金、補助款、貸款等，或者你是給予的那一方。
* 比較錢幣六與聖杯六，都有慈愛贈與的涵義，然而兩者的關係都不平等，錢幣六的上下階層分別更強烈，你還能找出更多相同點或相異點嗎？

錢幣七

SEVEN of PENTACLES

收成 暫停 思索

牌面描述

一位農夫把下巴架在杖上，低頭看著他長久辛勤得來的收成。這叢農作物
在他的耕耘下，已經可以自己成長茁壯了。農夫的表情似乎很滿足，又彷
彿在思考下一步該怎麼做。

牌義推演

恭喜你，長久的辛勞將會得來豐碩的報酬。但不要以為你會從此平步青
雲，大富大貴，因為錢幣七代表的只是過去的付出即將得到令人滿意的回
報，好像農家春耕夏耘，終於來到秋收時光。

目前工作即將完結，只剩下一點尾巴要收（也就是農人腳下的最後一枚錢
幣）。經歷過去長時間孜孜不倦的努力，現在可以暫停一下，看看目前的
成就，想想下一步的行止。猶如剛拿到博士學位的高材生，畢業後思考
下一步的方向；又好像光榮退休的老先生，在回頭審視過去人生成就的同
時，仍得思索退休後的時間該如何規劃；或者是情侶長久交往默契十足，
終究得決定兩人未來的種種安排了。在金錢的占卜上，錢幣七代表略有小
成，現在該審慎決定如何善用這筆金錢，或是重新規劃理財計畫，以進一

步獲得更大的成功。偉特所描述的錢幣七牌義特別複雜,除了代表金錢與
貿易外,有一說是爭吵,另一說是天真。但這些較難從牌面上聯想出來。

逆位解析

錢幣七逆位,事情通常無法順利進行,得不到滿意的報酬,投資會失利,
借出去的錢也有去無回。好像剛建造出來的小成就一下子就垮了,當事人
常有坐困愁城之感。因此行事宜保守,必須保持耐心,切勿躁進。

錢幣八
EIGHT of PENTACLES

技能 勤勞 工作

牌面描述

一位雕刻匠坐在長板凳上，專注而勤勞地刻著五角星錢幣，他前面已經完成六個了，腳邊還有一個未完成。有一條黃色的道路連接遠方的市鎮與雕刻匠，連接工作與社會，無論什麼工作，目的都是服務人群，雕刻匠並未忘記這一點。

牌義推演

首先我們可以比較錢幣八的雕刻「匠」與錢幣三的雕刻「師」。在錢幣八中，男子是個辛勞工作的工匠，他一絲不苟，注重細節，很努力的刻著相同的東西，而錢幣三的雕刻師已經累積足夠的經驗與資歷，成為一位真正的藝術家了。這不代表雕刻匠是比較低下的，重點是他專注於工作的過程中，這才是最珍貴的美德，能夠使他更快速獲得所需的技能或學問。

不同於權杖八如飛般的行進，錢幣八的進步是緩慢而紮實的，這正是土象錢幣的勤勞與腳踏實地特質的展現。錢幣八是認真唸書的學生、用心工作的雇員、心靈手巧的匠才、勤奮練習的運動員。他們並不一定是天才，也不懂取巧，但對於學業或事業上的付出絕對比旁人多。在愛情上可能表示

猛烈追求，細心經營，但也可能表示為立業而忽略感情生活。問求職表示工作就要到手了。問投資表示稍有斬獲。

逆位解析

錢幣八逆位，工匠失去原有的美德，得到職業倦怠，或者工作過勞，技能不足，將會引致挫折失敗的後果。也有可能當事人想要換工作，這有可能是出於對目前的工作的不滿，也可能是因為把專注力放在金錢成就，卻不注意工作本身的緣故。錢幣八給我們的啟示是：請享受工作，樂在其中，財富與成就自會來臨。

錢 幣 九
NINE of PENTACLES

成功 信心 自律 獨立

牌面描述

一位衣著華麗的女子站在她的莊園中,四周葡萄茂盛,正是收成時節。

她右手扶在錢幣上,大拇指還扣著一根葡萄藤,左手則戴著白手套,讓她的小鳥站在上面,小鳥的頭部卻被紅布遮住了。

牌義推演

錢幣九的第一個意義就是成功,在經過錢幣八的思考之後,主人翁終於獲得成功,現在她擁有一座收成豐碩的莊園,怡然自得的在裡頭享受生活,親近大自然,多麼像有錢人的退休生活,真是無憂無慮。這不只是張富裕成功的牌,更表現出其後的快樂生活,妳可以盡情採購,也有足夠的閒暇來做自己喜歡的事。

不過,錢幣九還有一個隱含的重要意義,我們可以幾點端倪來看出,這位女性,她的服裝圖案滿是象徵愛情的金星符號,但她卻孤身一人享受富裕生活;再者,她身處的莊園其實是與外界隔離,她的白手套也是一種

隔離的象徵；而且小鳥本應自由自在遨遊藍天，但是女子所養的鳥卻戴著頭罩，無法飛翔。這些都象徵她為了獲得成功所做的犧牲，犧牲愛情與自由。要一位年輕女性做到這些，她必然擁有驚人的自律與毅力。地面上緩緩前進的蝸牛，恰好呼應女子的堅毅精神。不過，也許在當事人獲得成功之後，想要得到愛情或自由的渴望，會是一個重要課題。

在占卜中，錢幣九不代表要當事人放棄感情，而是在提醒當事人，即使擁有感情關係，也要獨立自主，給自己一些獨處的時間來追求自己的目標，整天像橡皮糖似的黏著對方，對自己的成長沒有好處。如果當事人剛好遇上跟交往對象必須相隔兩地的狀況，則錢幣九提醒當事人，切莫太過沉溺於感情，應該把時間多花在自己身上，讓自己像女子般的成功且充實，以等待相聚的一刻。

逆位解析

錢幣九逆位，自我要求低落會是嚴重的問題，當事人可能訂了計畫又不執行，虛擲光陰，也可能做了很多對目標無益的事，把自己累垮，卻無濟於事，成功將越來越遠。財物方面可能遭受損失。

葵花錦囊

* 感情占卜時，建議的位置抽到錢幣九，顯示你不要粘著對方，多花點時間追隨自己的成就，並且學習在獨處時也要怡然自得。
* 錢幣九一方面表示自我要求與犧牲能獲致成功，一方面也表示你可以暫時放鬆，盡情享受努力的成果。

錢幣十
TEN of PENTACLES

富裕 事業團體 物質成功 傳承

牌面描述

錢幣十的近景是一位老年人,他舒服的坐著,身旁圍繞著兩隻狗。拱門外的市鎮中有一對青年男女,似乎在討論什麼,還有一個小孩子。十個錢幣排列成生命之樹的符號。

牌義推演

錢幣十描述一個財務基礎穩固的家庭。錢幣十的人物與聖杯十的一家四口略有不同。在錢幣十中,我們看到祖父、兒子兒媳(或是女兒女婿)、孫子、愛犬。因此錢幣十是個比聖杯十更加傳統的富裕家族,在財務方面獲得成就,傳統與世代傳承的意味在其中展露無遺,也暗示保險、古董、遺產等澤被下代的投資。錢幣十也可以代表成功的事業夥伴,或者家族企業等以金錢與成功為目標的事業團體,甚或政府機構。他們擁有共同的目標,而情感交流對他們而言不是重點。

在許多其他牌中,我們看到人物在遠方朝著市鎮前進,而在錢幣十裡,人物終於抵達市鎮了。圖中老年人經過一生努力,終於建立家業,並將其傳承給下一代。他們不僅衣食無虞,財富享用不盡,而且還會繼續經營

下去。因此,錢幣十在財運與事業方面是非常好的吉兆,無論是投資、合夥、求職、議薪、談判,當事人都將獲得他所尋求的物質成功。

戀愛方面的占卜,錢幣十可能代表給予對方一個穩固安全的生活,也可能顯示當事人與對方在事業上是很契合的夥伴,但同時暗示缺乏情感交流,或許情感交流根本不是他們所重視的。另外,也可能代表政治婚姻、企業婚姻、相親等非自由戀愛的婚姻。建議當事人應省思,兩人之前若抽掉了物質的成份,還剩下什麼是能夠維繫兩人的呢?

逆位解析

當錢幣十逆位,可能代表財務方面的問題。投資合夥宜暫緩。可能繼承沒有價值的遺產,甚或根本無法繼承遺產。理財務必謹慎。團體中某種程度的不和即將出現,而癥結所在經常是金錢。其次,傳統價值和安全感在此時受到顛覆,通常出現在家庭問題之上。

當生活變得太過陳舊無趣,當事人可能想要做些冒險的舉動,例如賭博。此時也應審視自己是否太過重視金錢生活,成為一個唯物主義者。

葵花錦囊

* 錢幣十的傳承意味濃厚,有時候傳承不僅限於財富,事業、職業、名望、地位、傳統與價值觀的傳承,也算在內。
* 錢幣十可能顯示你能從家庭或家族獲得實質的支援。

KING of WANDS

權杖國王
KING of WANDS

開國君主　威權　創造力

牌面描述

權杖國王坐在寶座上，身軀稍微向前傾，好像隨時準備出發。他右手持權杖，杖上長有新鮮的綠葉，象徵生命力。

寶座和披風飾以獅子和火蜥蜴。獅子點出權杖國王的火象性格，而火蜥蜴是傳說中住在火裡的小蜥蜴，牠們的嘴巴咬住尾巴，形成一個完整迴圈，象徵權杖國王已經達到完熟的境界。地上還有一隻火蜥蜴陪伴著他。

人物

權杖國王是火象性格的成熟男人。偉特視他為鄉紳的代表，既是鄉紳，不難想像他多半熱愛運動和大自然。

他是卓越的領導者，肩負重任，有足夠的權威和能力掌控他人的生活。他是四個國王之中，最有衝勁和創造力，卻最沒有耐心的一個。他具有誠實和樂觀的優點，身體健壯，自信滿滿，個性熱情、主動而活躍，卻不像權杖騎士那樣魯莽，不過有時會顯得野心勃勃。他敢於冒險，精於開疆闢土，就像亞歷山大大帝一樣，開創一個大帝國，雖然不怎麼精於守成，因

為他的眼光永遠放在新的目標。他是一個慷慨熱情的伴侶，跟他在一起會精神百倍，但是你不能束縛他，吵架時他也會跟你激戰一番。

他如果是父母，那麼他能充分激勵兒女，多半時候都還算寬容，但最好不要挑戰他的權威，因為他本質上終究是有權威的領袖。

如果他是上司，基本上是個不錯的領導者，他積極主動，行動明快，很能帶動部下的向心力，缺點是有時會讓人感到壓力。如果你讓他不滿意，照他直接的個性，恐怕會當面教訓你一頓。

事件
通常表示當事人有足夠的能力掌控事情發展。運用創造力解決問題。謀定而後動。處於領導地位。

逆位解析
權杖國王逆位通常對當事人會造成不良影響，可以分為兩個面向來解析。一方面，他會變成暴君，自私、偏見、固執、暴躁、虛榮、好大喜功，會運用權力來虐待別人。他會把事情都丟給屬下做，當他的屬下日子可不好過。他也會失去謀略能力，變得衝動急躁，而做出錯誤的決定。

另一方面，他也可能變得像退位之後就一無是處的李爾王，喪失信心，懦弱而容易受騙，不過對別人會溫和寬容許多。

實例
成吉思汗、拿破崙、秦始皇（逆位）

權杖王后
QUEEN of WANDS

傻大姐 陽光女孩 熱情的農婦
女中豪傑 快樂 財運

牌面描述

權杖王后戴著盛開綠葉的王冠，穿著陽光般金黃服飾，坐在寶座上。她的體態強健，腿是張開的，暗示性能量。

她的左手拿著一朵向日葵，象徵光明與歡樂，也暗示她有能力掌管大自然。她的右手持權杖，眼光向左望。寶座的扶手是兩隻獅子，象徵權杖王后能夠掌控內心的獸性。後面懸吊的帷幕上，再度出現火象的獅子圖騰和向日葵。

她前方有一隻黑貓守護，象徵靈感與直覺。在基督教文化中，黑貓是巫婆的守護者，這裡的黑貓似乎也在保護權杖皇后，使她免於受傷害。遠方有三座金字塔，天空則是一片既明亮又祥和的淺藍色。

人物

偉特將權杖王后視為農婦，她親切、慷慨、忠貞、溫暖而熱情，具有陽光般的開朗性格，通常喜歡小孩和植物。

她是四個王后之中，最外向好動的一位。她說話時可能帶有戲劇化的表情和手勢，唱作俱佳。人際關係方面，她交遊廣闊，人緣很好。權杖王后的性格外向豪爽，勇氣十足，活力四射，是女中豪傑。如果她是平輩，就像活潑的陽光女孩。

她會是個平易近人而領導力強的長輩或上司，事業成功的女強人，具有激勵他人的天份。她也會是帶兒女到處遊玩的現代媽媽，與子女的互動像朋友一般。即使生氣了，也是來得快，去得快，不會記恨。

和她相處之後，你可以發現權杖王后一向直來直往，不會拐彎抹角，也不會把話憋在肚子裡。如果需要幫忙，她會表現得很熱心，可能有點雞婆，有時甚至比當事人還著急。她的情感濃烈，是烈火情人，通常對異性有很大的吸引力。在聚會中可以看到她天南地北侃侃而談，跟陌生人打成一片，是眾人目光的焦點。

事件
光明的權杖王后，可以代表豐收、歡樂與財運，是一張很正面的牌。實際情況可能有收入增加、投資獲利、快樂的時光。黑貓暗示當事人可以充分得到靈感，運用直觀力。

逆位解析
逆位時，權杖王后原本誠實直爽的個性轉為欺騙和不忠，而且容易忌妒別人，說話尖酸刻薄，好挖苦人。她的控制慾也變強了，導致自我中心，侵略性強，脾氣暴躁，會莫名其妙翻臉不認人。在戀愛或婚姻中，她可能變成男人最怕的河東獅和醋罈子，有出軌的可能。

實例
螢光幕前的張小燕、紅拂女、武則天（逆位）、電影《亂世佳人》郝思嘉

KNIGHT of WANDS.

權杖騎士
KNIGHT of WANDS

行動派 積極份子 陽光男孩
運動健將

牌面描述

權杖騎士騎著健馬,高舉權杖,表情自信地看著遠方。他穿著明亮黃色服
裝,上面同樣有權杖的家族象徵火蜥蜴,但蜥蜴的嘴沒有觸碰到尾巴,形
成一個不完整的迴圈,象徵騎士還沒有達到成熟境界。

騎士還戴著紅手套和紅頭飾,象徵他火熱的性格。健馬的前蹄高高舉起,
象徵行動的迅疾。背景是熱帶的沙漠,還有三座金字塔。

人物

權杖騎士是宮廷牌中最熱情活躍的一位,是徹底的行動派。他勇氣過人,
精力充沛,充滿創意,喜歡娛樂他人。

他愛好冒險刺激,勇於實驗,即使撞得滿頭包也樂此不疲。他的嗓門很
大,永遠都靜不下來。他無法忍受一成不變的生活,而總是為別人的生命
帶來火花。他喜歡的嗜好也通常是非常刺激的,看球賽、賽馬、激烈運
動、電影、戲劇等,如果你要他乖乖坐著兩個小時作手工藝,他會發瘋。

如果他是情人，則他總是大膽追求，熱情示愛，一點都不會隱藏情感，也不害怕別人知道。他會帶著你到處遊玩，每天都有新鮮的花樣。如果他是你的朋友，則依他直腸子的個性，絕不會對你耍心機，還很講義氣，而且他的樂觀活潑和熱情有勁的特質可以鼓舞你。如果他生氣了，像火山爆發，你絕對會馬上知道，等他發作完了，馬上又跟你成為好兄弟。

他也許會説一些衝動的言語，但是不會拐彎抹角或尖酸刻薄地指桑罵槐，事情過了他就不會放在心上。他的缺點則是有勇無謀、好吹嘘、不夠沉穩、衝動、急性子、沒有耐心、三分鐘熱度。

事件
可能表示旅行，特別是在乾燥炎熱的地方，或是四處快速移動行程。也可以指你將面對某種改變，也許進入新環境，需要接受挑戰、冒險一番。

逆位解析
逆位的權杖騎士可以朝兩個方向解釋，第一是他的缺點大到造成不良影響，因衝動魯莽而壞事，因暴躁而與人爭吵打架，因沒有耐心而錯失良機，或是才剛將異性追求到手，馬上又換下一個。第二種情形是他可能無法自由表達權杖騎士特質，導致避免冒險、抗拒改變，也許他想大刀闊斧採取某些行動，卻因主觀或客觀因素，而不得不放棄，也可能是他將精力用錯地方，到頭來一無所獲。如果表示事件，則旅行可能延遲、取消或中斷。

實例
呂布、張飛、吳三桂（逆位）

權杖侍者
PAGE of WANDS

———

小頑童

牌面描述

權杖侍者把權杖拄在地上，好奇地看著杖頂，好像在研究什麼東西。

他的服裝是明亮的鮮黃色，外衣上有權杖家族圖騰火蜥蜴，有些蜥蜴的嘴沒有真正咬到尾巴，形成不完整迴圈，但有些卻有，顯示侍者雖然尚未像國王一樣成熟，但他的天性已有完滿的一面。背景是沙漠和三個金字塔。

人物

權杖侍者是最頑皮的小朋友，在某方面很像愚人。他充滿精力，到處闖禍，喜歡嘗試各種新鮮花樣，四處探索遊戲，讓媽媽招架不住。

他很熱心、天真、活潑、誠實、坦率、自然、不造作，有一種初生之犢不畏虎的熱忱。如果他是成年人，則必定懷有赤子之心，可能喜歡惡作劇。他的職位通常不會很高，但是他對自己的工作懷有熱忱與興趣。

他是坦率的朋友，敢跟你說真話，你也可以跟他說真話。他是有趣的情人，只是還年輕，心性還不定。他的缺點則是粗心或幼稚。

事件

有好消息，你可能需要馬上採取行動。或表示當事人正在狂熱地探索新領域，開始新計畫，或發展新興趣。另一個可能性是當事人正在過一種單純、快樂、沒有壓力的生活，請盡情地遊戲。

逆位解析

就像是被寵壞的小孩一樣，權杖侍者逆位可能變得頑劣不堪。如果他是情人，可能盲目地投入戀情又離開，因為他不知道自己要什麼。

他好奇的特質會讓他貪多嚼不爛，凡事都只保持三分鐘熱度。另一方面，他可能失去好奇與熱忱，對什麼事都興趣缺缺，拒絕大好機會，排拒新事物，不想玩耍。如果是事件，則代表壞消息，或是會誤導你的消息。

實例

哪吒、淘氣阿丹、櫻桃小丸子、《湯姆歷險記》的湯姆、《神鵰俠侶》老頑童周伯通

聖杯國王
KING of CUPS

宗教家　慈善家　藝術家

牌面描述

國王坐在洶湧海中央的寶座上，左邊有條魚跳出海面，右邊有一艘帆船，象徵潛意識浮出。他的內袍是代表水要素的藍色，胸前還掛著魚形項鍊，象徵想像力或創意。

他左手拿著象徵權力的杖，右手持聖杯，他卻是聖杯家族中唯一不注視聖杯的人，暗示他不能完全沉浸在聖杯特質中。而且，他雖然身處海中央，卻沒有碰到水，也象徵在某些程度上他必須跟他充滿感情和創意的本性劃清界線，以符合領導形象。

人物

在古代，聖杯國王是宗教領袖；現在的聖杯國王則是最顧家的新好男人。他是最慈祥的老爺爺，最溫柔的丈夫，和最溺愛孩子的父親。他非常重視家庭，願意為家人奉獻，可能有很深的宗教信仰。他不像一般社會認為的領導者，因為他不用威權統治，反而慈愛溫和又體貼，修養很好，對下屬比其他國王都寬容。相較於寶劍國王的純粹理性分析，聖杯國王懂得運用直覺，他成熟且經歷練，所以也會將人情因素考慮進去。

他像是關心全家健康的家庭醫師、具有同理心的諮商師，或是關懷社會的慈善家。他重視和平，富有藝術氣息，有時候讓人覺得他像聖人一般。他如果是父親，一定非常關心孩子，但礙於傳統文化，可能會假仙一下。他如果是情人或丈夫，對另一半非常忠心，也很顧家。

他如果是朋友，會非常好客，當你有需要時，他會伸出援手。聖杯國王有個矛盾之處，一方面他具有這些藝術和想像力特質，一方面又得維持領導者地位，所以他不能盡情流露情感，導致內心跟外在表現可能不一致。

事件

在藝術、宗教或靈修領域獲得成功。你可能會照顧別人或受到照顧。

逆位解析

聖杯國王正位時，情感控制得宜；逆位時，內外不一致的情形更嚴重，他內心澎湃的情感也變了調，而且他掌控不住，只好加以偽裝，導致笑裡藏刀，口蜜腹劍，變成雙面人，不老實，甚至有外遇傾向。在正位時，他運用想像力和直覺力從事藝術創作，逆位時，就用來撒謊。

實例

慈善人士孫越、《神鵰俠侶》一燈大師、非洲醫生史懷哲、達賴喇嘛、聖誕老人

聖杯王后
QUEEN of CUPS

修女 靈媒 言情小說的女主角
女藝術家

牌面描述

聖杯王后雙手捧著聖杯，眼神直直的注視著聖杯。那聖杯是教堂形狀，兩臂各有一位天使，頂端是十字架，象徵聖杯王后的虔誠。

她坐在海邊的寶座上，寶座基部有個小美人魚抓魚的圖案，頂部是兩個小美人魚共同抱著一個大蚌殼。相較於坐在海面與世隔絕的聖杯國王，有三隻美人魚陪伴的聖杯王后，坐在陸地上，象徵她更常與人接觸。

人物

聖杯王后是四位王后中最溫柔慈愛的母親。她是個小鳥依人的妻子，為兒女奉獻一切的好媽媽。

她信任直覺與夢境，具有超越常人的感應力。她是個充滿夢幻和詩意的情人，像瓊瑤小說中的女主角，十分體貼，敏感細膩，擅長使用淚眼攻勢。她是那種看到路邊的可憐流浪狗就會感傷落淚的女人，慈悲心和同情心極強，很有耐心，照顧小孩和動植物是她的專長，因為她打從心底喜歡呵護別人。她也能夠設身處地為別人著想，非常重視別人的想法，凡事容易順

著他人的意見，有時顯得比較沒原則，好欺負。她不講理，只講情，情感豐富的程度，令人嘆為觀止。

然而，這樣的個性可能流於多愁善感，甚至有點情緒化。她恐怕受不了寶劍型人的絕對理性和尖銳，寶劍型人也會受不了她的感性和情緒波動。如果她是你的上司，你與她溝通，她會聽，只是在言語上最好小心斟酌，不要刺傷了她。

萬一引起她的情緒反應，她會當眾哭給你看。如果她做事沒什麼規劃，喜歡隨時更改政策，你也不要太驚訝。她有很強的想像力，常常出現新的想法，不過卻很少付諸實行，在這方面她與錢幣型人較為匹配，錢幣型人可以為她逐步實現理想。她是很稱職的褓姆、護士、藝術家和訴苦的對象。

事件
可能表示當事人在進行靈性成長方面的活動，或有直覺跟夢境的特殊體驗。也可能代表當事人負責照顧撫育的工作。

逆位解析
聖杯王后逆位，一方面她會被情緒所淹沒，活在幻想當中，總是以受害者的形象出現，變得憂鬱、善感、自憐、情緒化、過度敏感、不切實際、依賴、沉迷上癮、不老實、缺乏現實感。

正位時，她是最忠貞的情人，逆位的她卻變得像墮落的天使，過度渴求愛情，會刻意誘惑男人，做出不道德的事。她在情緒上失去安全感，導致疑心或忌妒，整天黏著情人不放。另一方面，可能表示當事人缺乏信任直覺或夢境的能力，或不願表達情感或關懷。逆位的聖杯王后不值得信賴。

實例
《紅樓夢》林黛玉、南丁格爾、德蕾莎修女，南宋女詞人李清照，作家張愛玲。

聖杯騎士
KNIGHT of CUPS

白馬王子 浪漫詩人

牌面描述

不同於權杖騎士或寶劍騎士的迅捷騎馬姿態，聖杯騎士的白馬很有紳士風度，優雅地行進，跟主人一樣。聖杯騎士平舉著聖杯，他的眼光有些夢幻，深深注視著聖杯。

他的衣服上有紅魚圖案，魚象徵想像力、創意和精神，紅色則指出騎士的熱忱。他的頭盔和鞋子上都有翅膀圖案，象徵想像力。這一人一馬就這樣朝著河流前進。

人物

聖杯騎士是最浪漫的情人，俗稱白馬王子。他是個夢想家，生性多情，溫柔倜儻，風流瀟灑，魅力十足，通常具有藝術天份，也許懂得寫詩作曲，演奏樂器，讓女孩們神魂顛倒。

他有很崇高的理想，表面看起來可能有點害羞，不過他也會跟熟朋友高談闊論，這樣的特質對初次見面的異性通常很有吸引力，雖然他不見得能夠踏實的實現理想，而且有點好高騖遠又懶惰。

如果他是你的朋友，你會覺得他很有理想抱負，多才多藝，很友善，脾氣也不錯，通常很有禮貌，對別人的情緒感覺也很敏銳，不過行動力稍微弱了點。對於愛情他很熱衷，他是女性心目中的理想情人，不過他卻不像聖杯國王那樣專一，在不好的情況下，他可能會玩愛情遊戲，以當情聖自豪。聖杯騎士的挑戰在於如何把高遠的夢想以行動來實現，而他通常都做不到。

事件

聖杯騎士帶來邀請與機會，可能有朋友來訪、邀請函、交際或戀愛機會。也可能代表旅行，特別是水邊旅行，或是在潮濕氣候地區旅行。

逆位解析

逆位的聖杯騎士是個花心大蘿蔔，他仍然熱衷愛情遊戲，說盡甜言蜜語，甚至玩到床上去，但卻十分不誠實也不專一，還可能用愛情作為達成目標的手段。

如果此時你遇到這樣一位對象，除非你同樣抱持玩玩的心態，否則請特別小心。另一方面，有為了逃避現實而成癮的可能，也可能表示單戀或自，還有些人認為聖杯騎士逆位可能暗示同性戀。如果代表事件，則對於各種邀請要特別審慎看待。

實例

唐朝詩仙李白、羅密歐、英國詩人拜倫、《天龍八部》段正淳（逆位）、唐璜（逆位）、陳世美（逆位）

聖杯侍者
PAGE of CUPS
pèi 局.

好奇的小孩 好朋友

牌面描述

聖杯侍者穿著花朵圖案的衣服，用好奇的眼光，沒有任何壓力地看著杯中蹦出的一條魚，魚象徵想像力，從杯中探出頭來，代表聖杯侍者擁有過人的想像力。

聖杯侍者身體很輕鬆地站著，左手叉腰，面帶微笑，不難讓人發現他個性友善。背景是波浪起伏的海面。因為聖杯牌組屬於水要素，所以每張宮廷牌的背景都有水。

人物

聖杯侍者是想像力最豐富的孩子。他天真無邪，敏感細心，直覺性強，愛好幻想，好奇心重，甜美可人，喜歡作夢，常常問一些讓人想都想不到的問題。他很隨和，合作性高，可靠，關心別人的感受，也樂意為他人服務。

在占卜中出現時，通常代表一位願意幫助你的朋友，他願意無條件支持你、傾聽你、幫你想辦法，反過來說，他其實也需要別人關懷。另一方

面，他是個好學的小孩，通常表現得有點害羞內向。

相較於權杖侍者帶著好奇心四處探索遊玩，聖杯侍者對於有興趣的事物，則會認真搞懂。他對文學、音樂、藝術可能很有興趣，前途光明。如果他是男生，則女人氣偏重。如果他是成人，則如孩童般純真善良。他的缺點是情感上有些依賴。因為他的順從度高，可能容易受環境或朋友影響。

事件

侍者拿著裝有魚的杯子，好像在送人東西，因此代表餽贈或人際關係的新訊息，可能是情書、喜帖、邀請函，或是一通約你出去玩的電話，你可以藉此認識新朋友，把握戀愛機會。

聖杯侍者可能表示剛萌芽或純真的戀情，但更常見的情況是代表交到好朋友。他也可以代表一段適合沉思、冥想或幻想的時期，此時你可以盡情發揮創意和想像力，多做一些冥想的練習。在健康方面，表示懷孕或新生兒誕生。

逆位解析

可能表示當事人拒絕接受聖杯侍者提供的訊息或機會，或是不願對他人付出，他可能拒絕別人的善意或邀請。另一方面，可能代表他的想法太過天馬行空，脫離常軌，不做還好，做了可能會導致麻煩。也許他過度敏感，容易受傷。如果代表事件，則可能得到壞消息，或得到取消或延遲的通知。

實例

影集《清秀佳人》安雪麗（紅髮安妮）、《哆啦Ａ夢》靜香、《櫻桃小丸子》小玉、《愛麗絲夢遊仙境》愛麗絲

寶劍國王

KING of SWORDS

————

專業人士 律師

牌面描述

寶劍國王是四張國王牌中唯一以正面出現的。他穿著藍色內袍和紅色披風，象徵他必須把智慧以行動表現。他的右手持劍，劍尖偏右，偏向行動的那一邊。

左手戴著象徵權力的戒指，輕鬆的放在腿上。他後方帷幕上飾有象徵靈魂和風要素的蝴蝶花紋。天空中的鳥帶領他遠離火要素的熱情、水要素的情感和土要素的物質，而進入純然風要素的智慧領域。

鳥的數量有兩隻，象徵在智慧與行動之間的選擇，對寶劍國王而言，智慧必須用行動來實現。背景中的柏樹和灰暗的雲，在四章寶劍牌中都會出現。

人物

寶劍牌組的人物在古代都是騎士階級，負責統治與用兵。寶劍國王就是統馭軍隊的領主，他運用智謀，掌握生殺大權，必要的時候必須表現冷酷。

在現代社會，他是典型的律師、法官和政府官員。他慣用理性分析和邏輯思考，學富五車，而且懂得實際運用。他不太表露情感，總是以專業的姿態出現在世人面前。他的反應明快，聰明機智，見解獨到，溝通力強，口才良好，是很傑出的作家、批評家、政治評論家、外交家和哲學家。當你感到迷惘困惑時，他能一語點醒夢中人。

他如果是你的朋友，那麼當你想要情感支持，找人哭訴時，找你就找錯了對象，但是如果你想聽一針見血的實話，或需要明確的指引時，他是不二人選。如果他是你的上司，你可以從他那邊學到很多專業知識，他對你的工作表現也會有所要求，你不能偷雞摸狗，因為會被他一眼看穿。他是一個聰明、誠實又有原則的伴侶，但是表現有點冷淡，凡事都喜歡講理，道德標準高，但是批判性和控制慾可能有點強。

基本上，寶劍國王是讓人信賴的顧問和專業人士，缺點是在情感方面表現疏離。

事件
可能與法律事務、協商或軍警等事務相關。建議尋求專業人士的協助。

逆位解析
逆位會將寶劍國王的理性導向極端，他變得好批評、嚴苛、冷血、殘忍、無情。他的批判性太強，會導致雞蛋裡挑骨頭。最嚴重的情況下，可能會讓人覺得他根本不是人。

另一方面，也有可能指軟弱、無能、專業知識不足。如果指事件，建議當事人不要尋求專業人士協助，不要聽信權威人士的建議。

實例
姜子牙、諸葛亮、魏徵、謝長廷、商紂（逆位）

寶劍王后
QUEEN of SWORDS

強悍的寡婦 冰山美人 鐵娘子

牌面描述

寶劍王后戴著蝴蝶花紋的王冠，象徵靈魂，也象徵風要素。她穿著灰色內袍，和藍天灰雲花紋的披風。她的表情堅毅，似乎皺著眉頭，左手卻對世界敞開。她右手高舉寶劍，劍尖筆直向上，象徵她能破除迷惑，看清真相。

她的寶座扶手之下有個人頭花紋，那是風之精靈，象徵寶劍牌組的風象特質。在某些版本的牌中，寶劍王后甚至果真提個人頭，是個毫不留情的女戰士。寶座的底部又有蝴蝶花紋。寶劍王后的頭頂上有隻高飛的鳥，象徵智慧和風要素。背景天空是深藍色的，還有大片的灰雲。

人物

寶劍王后同時展現智慧與悲傷的主題。一方面她舉著寶劍，不偏不倚，和正義與寶劍一相同，代表她有絕佳的洞察力與智慧，可以看清一切不明。她眼光銳利，思想機智，經常語帶機鋒，是四位王后中最理智冷靜的一位。她是公正無私的鐵娘子，在戰場上衝鋒陷陣的女戰士，請你切勿嘗試用人情來打動她，也別想打什麼鬼主意，否則會吃不完兜著走。多數時候她不輕易流露情感，即使表面看來可親，但內心絕對剛強，堅守原則。

她也會幫助別人，如果你想獲得誠實的建議，找她準沒錯。她會冷靜的為你分析局勢，一針見血地告訴你實情，並為你想出一些可行的辦法，不過，請不要期望從她那邊得到安慰或擁抱。她是非常棒的法官、律師、批評家或心理分析師。如果她是長輩或上司，那麼她雖然不很平易近人，甚至有點嚴格，但她絕對講理，臨事冷靜，條理分明，按部就班，你只要將份內工作做好，就沒問題了。她的好處是隨時都保持理智，不會過於情緒化。她可能歷經風霜，你可以從她那邊獲得一些人生智慧。如果她是一位母親，則會是一位要求顏高的母親，孩子可能無法獲得足夠的親情。另一方面，寶劍王后傳統上代表寡婦或不孕的女人，也可以表示為情所傷的人。

如果她是你的情人，那麼她會用極度理性的態度來看待你們的感情，甚至隨時想結束這段感情。因為曾經在感情上受過傷害，所以她對異性不假辭色，冷冰冰的態度經常嚇退追求者。她堅毅冷酷的神情，好像在說：「你敢就來試試看！我會一劍將你劈死。」如果你想追求這位冰山美人，請三思再三思。

事件
無論正逆位，寶劍王后經常代表悲傷、分離與獨身。實際情形可能代表分手、失戀，或思念遠方的人。

逆位解析
寶劍王后逆位，對追求者的態度不只是冷酷，簡直到殘忍的地步。原本正直的她變得壞心腸，用奸詐的手段來達到目的，充滿肅殺之氣。原本合理要求的個性變得近乎苛求，極度小心眼，讓旁人苦不堪言。正位時，她言語誠實且一針見血，逆位時，她會直接用言語刺傷他人，也可能搬弄是非，散播謠言。

實例
前英國首相柴契爾夫人、前美國第一夫人希拉蕊、知名律師邱彰、婚姻專家施寄青、《神鵰俠侶》李莫愁（逆位）、白雪公主的繼母（逆位）

寶劍騎士
KINGHT of SWORDS

戰士 極端份子 反叛人士

牌面描述

寶劍騎士和聖杯騎士同樣騎著白馬，但寶劍騎士這匹馬在狂風中極速奔馳，與聖杯騎士平緩前進的馬形成強烈對比，間接反映出主人個性的差異。寶劍騎士將寶劍高舉過頭，表情猙獰，往前衝殺。

馬鞍上飾以蝴蝶和鳥，象徵風要素。他穿著鐵甲，外袍也有鳥的圖案，而靴子前後都帶著尖刺，在戰場上毫不留情。雲和樹都被狂風吹得七零八落。空中飛翔的鳥，隊形也略顯散亂。

人物

四張騎士牌都表現該牌組的極端特質，寶劍騎士又是極端中的極端。很多版本的塔羅牌都將他描繪成屠龍騎士，其他人去屠龍往往喪命，寶劍騎士偏要當那個勝利者。寶劍國王是負責控兵的領主，騎士就是實際在戰場上衝殺的軍人。他勇氣過人，豪氣干雲，好勝心強，行動迅捷，但一不小心就會流於狂野放縱。

他會是很好的業務員、立法委員和革命人士，適合從事站在第一線拼命

的工作。他是很有氣魄的朋友，言語豪放，不畏權貴，但是性子很急，衝動莽撞，做事常常不計後果，容易跟人起衝突。他的風象特質使他思考敏捷，也常有獨到的見解，然而，既然他是寶劍牌組中的極端派，所以難免顯得好批評，要別人接受他的想法。對於他覺得錯誤的觀念，他會爭論到底，對於壞人，他更會鬥到底，玉石俱焚也在所不惜。

雖然他爆發力十足，不過卻欠缺長遠的計畫和忍耐力。他是最可怕的敵人。他的狂放性格對異性也會造成致命的吸引力，不過，假使他成了你的情人，最好避免跟他正面衝突，因為會對配偶拳腳相向的也通常是這種人。

事件

兵戎相見總是不好，但既然寶劍騎士是軍人，所以口角爭端難免，可能導致憤怒憎恨的情緒。也代表匆忙的旅行，地點可能風大有雨。

逆位解析

逆位的寶劍騎士表現過度時，批判性太強，使他總是用挑毛病的眼光看事情，牙尖嘴利，言語傷人。他會變成可怕的極端份子，激烈的革命派，卻是為反對而反對，盲目犧牲流血也在所不惜。另一方面，可能代表想衝又衝不動，心有餘而力不足。

如果代表旅行，可能在交通方面出差錯。健康方面，寶劍騎士在戰場上拼殺，代表流血衝突；騎快馬形同開快車，容易交通意外。

實例

荊軻、李敖、朱高正、希特勒（逆位）、白曉燕綁票犯陳進興（逆位）

寶劍侍者
PAGE of SWORDS

間諜 狗仔隊

牌面描述

戰爭時，寶劍國王運籌帷幄，寶劍騎士親臨戰場，寶劍侍者則待在高地上刺探軍情。他兩手握著寶劍，眼光卻朝著遠方。他的頭髮和背景中的樹都被風吹得飛揚。遠方天空中有十隻小鳥成群飛舞。背景的灰雲帶來些許混亂的氣氛。

人物

侍者通常好奇心都很強，寶劍侍者把好奇心用來刺探別人的隱私。他是最優秀的記者、情報員和狗仔隊，任何小道消息、政治八卦，問他就對了。他喜歡觀察別人，抱著一種冷眼旁觀的心態，道長短、說是非，無形中也散播了不少謠言。

他在四個侍者中，反應最快，口齒最伶俐，最愛說話，也是最會使小計倆的，因為他聰明過頭了。如果他把這樣的精力放在研究學科上，會獲得成就。他具備追根究柢的精神，是四個侍者中最適合讀研究所的。

如果他是你的朋友，消息靈通的他也許可以幫你看清真相。因為擔任情報員的關係，他很有警覺心和防衛心，經常用懷疑的眼光看待事情，不過還不至於像寶劍騎士那樣愛批判。他畢竟是侍者，性格比較幼稚，雖然不敢像騎士那樣闖出大禍，但與他來往還是必須小心，他可能會把你的隱私都傳出去。

他的行事風格比較偷偷摸摸，如果跟他起了衝突，他可能會跟你脣槍舌劍一番就沒事了，但如果真的把他惹惱了，他就會像暗夜中的刺客一樣，偷偷在你背後捅一刀。

事件

壞消息，帶來挑戰的訊息。謠言。小口角。利於學習新科技或溝通之類的學科，諸如電腦、語言等。寶劍侍者站在高地，可以代表航空旅行。

逆位解析

寶劍侍者原本適度的警覺心和防衛心，在逆位時，會變成強烈的疑心病，把每個人都當成敵人，容易生出口舌是非。另一方面，寶劍侍者逆位時，表達力受阻礙，你可能口吃怯場，或是在溝通時發生誤解。

健康方面，可能代表語言障礙，或是如圖面所示，在使用尖銳器具時受傷。無論正逆位，都可能表示壞消息，逆位時，劍尖朝向問卜者，情況更糟。

實例

灶君、《水門案記者》伍華德與伯因斯坦、《哆啦Ａ夢》小夫

錢幣國王

KING of PENTACLES

商人 實業家 老闆

牌面描述

錢幣國王悠然自得的坐在他的花園裡。他的左手拿著錢幣，右手拿著權杖，姿態輕鬆。後方的城堡象徵他的物質成功與統治地位，然而他並沒有待在城堡內，而是在花園裡享受。

花園中長滿象徵豐收成果的葡萄和各種植物，他的服裝也滿是葡萄圖案，整個人似乎與大自然融成一體。寶座上有牛頭圖案，是錢幣的家族圖騰。

人物

土要素的特質在錢幣國王中發揮到極致，達到物質的成功。這位國王事業有成，經濟富裕，理財精明，而且還很懂得享受，是現代的銀行家、實業家。

你可以想像他是一位在高爾夫球場打球的大老闆。工作成功之餘，他喜歡健身或親近大自然。他是四位國王中最務實有恆心的一位。他的作風不像權杖派那樣一股腦的衝，而是小心謹慎，勤奮踏實，細心計畫，默默耕耘。他多數時候都傾向保守，即使他在事業上展現大膽野心的一面，也一

定是經過審慎評估之後，才放手去做。

如果說權杖國王是開國君主，那錢幣國王就是帶領萬民邁向治世的守成君王。他的行事穩重，重視實際，慷慨待人，值得信賴，給旁人充分的安全感。如果他是你的伴侶，則他對家庭很有責任感，會讓你過寬裕的生活，讓你很有安全感，雖然不懂甜言蜜語的花招，但是對你慷慨就是他愛的表現。他通常脾氣都很穩定，不容易發怒。

他也是最擅長愛情長跑的忠貞男子。雖然聖杯騎士是多數女性心目中的白馬王子，不過，假使真的要結婚，錢幣國王大概是最多人會選擇的對象。如果他是你的父親，他會讓你感到安全，在物質方面給你充份滿足，也非常重視傳統價值，也許是個老古板，兩人之間可能會有代溝。他的缺點是比較固執，不知變通。

事件
財富或事業基礎穩固。

逆位解析
逆位錢幣國王的財務狀況不成功，可能由於欠缺理財頭腦，或是固執到了愚笨的地步。因為缺乏安全感，他會剝削旁人，變得自私貪婪。此時，他不是用盡各種手段賺錢的工作狂，就是極度懶惰無用。如果他是你父親，他可能無法給家庭足夠的安全感，而且對孩子表現冷淡，甚至嚴格對待。如果代表事件，請注意你的收支狀況。

實例
微軟總裁比爾蓋茲、台塑董事長王永慶、投資專家華倫，巴菲特、阿諾史瓦辛格

錢幣王后
QUEEN of PENTACLES

女企業家 老闆娘 職業婦女

牌面描述

錢幣王后兩手捧著錢幣,低頭對著錢幣沉思。她的寶座有許多植物和天使圖案,扶手有個牛頭圖案。她坐在長滿豐盛植物的平原,頭頂上方有玫瑰形成的拱門。

右下角有隻不明顯的兔子,象徵多產與豐饒。錢幣王后比錢幣九的女子更成功,可以說是皇后的小牌版本,較大的不同點則是皇后可以同時創造並撫育新生命,而錢幣王后只負責撫育的部份。四張錢幣宮廷牌的背景都是鮮明的亮黃色。

人物

錢幣王后跟錢幣國王一樣都象徵財富成功,有安全感,理財頭腦好,喜歡親近自然。錢幣王后又更加慈善,造福他人,通常有很高的社會地位,也能享受奢華的生活。她沒有權杖王后那麼活潑,但比聖杯王后踏實多了。她可以同時有全職工作還把家理得很好,丈夫也很放心把薪水交給她。

她不像權杖王后那樣直觀,或像寶劍王后用理性邏輯思考,也不像聖杯

王后那樣依賴情感與直覺，她比較重視常識和經驗，以做出合情合理的抉擇。她可能是柔性管理的女企業家，或是街頭小店的老闆娘，你買了兩根蔥，她還送你一顆蒜，讓你不知不覺再上門一次。

因為錢幣牌組的土要素代表的物質，也包含身體，所以她對自己的身體非常重視。她可能是美食家，身材豐滿；也有可能非常重視身材，有運動或踏青的習慣，無論是前者還是後者，都是對身體重視的一種表現，不過，現代社會中，前者會比較常見。

錢幣王后是最符合一般人心目中理想的母親，理家理財都難不倒她，她會把家佈置得很溫馨實用，會讓孩子吃得很好，也很重視孩子的健康和體格，給孩子充分的安全感。

雖然不像聖杯王后那樣重視小孩的情緒狀況，但當小孩遇到問題時，她會給予實質的幫助。她也是一般人心目中的好太太，雖然不像聖杯王后那樣柔情有女人味，但她戀情穩定，持家有方，不辭勞苦，是不可多得的賢內助。她對自己深具信心。缺點是可能比較現實，有時候容易憂鬱。

事件
親近大自然。理財。照顧他人。

逆位解析
逆位錢幣王后不再能提供旁人安全感，不負責任，財務也會出問題。她可能很少待在家裡照顧孩子，也不會理家理財，讓家裡亂成一團。因為財務出問題，她可能陷入憂鬱。另一方面，她也可能過度掌控孩子的生活，讓孩子變得像長不大的籠中鳥。

實例
《紅樓夢》薛寶釵、劉曉慶、何麗玲

錢幣騎士

KNIGHT of PENTACLES

企業家第二代　現實份子　工作狂

牌面描述

騎士筆直地坐在黑馬背上，仔細打量手上的錢幣。黑馬也牢牢地站在地面，是四張騎士牌中唯一不 的座騎，反映出謹慎務實的態度。騎士的頭盔上有綠葉裝飾。遠方的地面是一片經過細心耕耘的田地，背景是一片鮮黃色。

人物

錢幣騎士是四位騎士中行動最持重且最腳踏實地的。他勤奮務實，細心謹慎，工作賣力，守時守信，是最可靠的助手，最忠實的員工。他的事業雖然還不像錢幣國王那樣壯大，但是他像烏龜一樣，很努力地在一步一步往上爬，最終目的是要達到財富上的安全感。

在眾人中他埋首耕耘並持之以恆，甚至把別人的工作往自己肩上扛，再累再辛苦也不抱怨。對於金錢，他算得很清楚，絕不浪費，可能顯得有點斤斤計較。

對於他的目標，他有自己的盤算，就像一隻鷲一樣，咬住就不鬆開。他是四個騎士中最堅忍不屈的。他不喜歡變化太多的生活，也不願意冒險。如果他是你朋友，只要他辦事，你就可以放心，因為你知道他是最重然諾的朋友。另一方面，你也可能覺得他太無趣，太嚴肅，惜言如金，沒什麼幽默感，不懂生活享受，還有點固執。

一般而言，錢幣騎士不解風情，也無心戀愛。如果他是你的情人，你可能很欣賞他的勤奮向上，同時又忍不住抱怨他總是工作第一，愛情最後，而且一點都沒有浪漫情懷，是個呆頭鵝。不好的情況下，錢幣騎士可能會流於物質主義，金錢至上，缺乏感性，性格偏向孤僻陰鬱。

事件
與投資理財和工作相關。建議採取謹慎務實的態度。錢幣騎士代表旅行的涵義較其他騎士牌薄弱，但也是有可能，通常表示搭乘火車或汽車等速度較緩慢的旅行，或是商務旅行。

逆位解析
錢幣騎士逆位通常有兩種情況，第一是他會變成不折不扣的工作狂和現實主義者，在他的眼中只看得到錢和工作，人緣欠佳。另一種情況是他根本無心工作，不負責任，失去方向，整天渾渾噩噩，謹慎細心的美德也消失了。也可能是工作倦怠或失業。

實例
中信銀總經理辜仲諒、台塑少東王文洋、微風廣場常務董事廖鎮漢、台北101董事長陳敏薰、死守抱柱信的尾生

錢幣侍者
PAGE of PENTACLES

學生 學徒 小商人

牌面描述

錢幣侍者高高捧著錢幣，在眼前仔細地觀察著。他站在青蔥且長滿花朵的草地上。遠方有茂密的樹叢，還有一座山。背景是錢幣家族典型的鮮黃色。

人物

錢幣侍者傳統上代表學徒。相較於聖杯侍者因為好奇心而受到啟發，錢幣侍者是真正在學校中苦讀向學的小孩。他在同學面前表現內向，很用功，好像整天都埋在課本裡。

寶劍侍者喜歡學習新科技，聖杯侍者喜歡發揮天馬行空的想像力，錢幣侍者則追求知識、經驗與技能，學習的科目偏向傳統實用為主，而且有縝密周全的學習計畫。他是錢幣家族中最敢於財務冒險的，然而也一定是經過多方考量之後，才會去進行，畢竟錢幣牌組都是謹慎型的人。

他不像聖杯侍者那樣重視情感和直覺經驗,也不會像寶劍侍者那樣探詢別人隱私,更不會像權杖侍者那樣到處遊戲,他只對自己的學習和目標有興趣,重視常識與經驗,寧願多讀些書,也不想投機取巧,是四個侍者中最老成持重的。

他的休閒嗜好則是親近大自然。他是四個侍者中最好帶的小孩,從小就安靜乖巧,認真讀書,比其他小孩早熟,可能喜歡自己一個人玩。雖然年輕,卻重視傳統價值與前人的智慧,是最有可能繼承祖業的孩子。如果他是你的朋友或情人,基本上他為人老實可靠,你可能要常常陪他上圖書館。他的缺點則是缺乏想像力,做事情的精神可嘉,方法卻不一定聰明先進。

事件

所有的侍者都代表訊息,錢幣侍者帶來工作或財務方面的訊息,通常是好的,可能代表申請函被接受、升職、獲利。也可能代表學習、上課、進修等活動。如果同時跟聖杯侍者或權杖侍者一起出現,可能代表懷孕,因為侍者都是剛到世間的小孩。

逆位解析

逆位時,錢幣侍者不再用功,常常翹課,趕不上讀書進度。也可能表示一陣工作或苦讀之後暫時放鬆。若是事件,帶來財務方面的壞消息,可能是帳單或罰單,或者財物損失。工作計畫可能取消。

實例

映雪讀書的孫康、囊螢讀書的車胤、小時候的《富爸爸窮爸爸》作者「羅勃特,T,清崎」、《亂馬1/2》小靡

練習題

1. 如果要用一張宮廷牌來描述你自己，哪張牌最適合？為什麼？

2. 一個人在生活中經常扮演多種角色，你扮演了哪些角色呢？請試以宮廷牌來表現。

> **參考提示**
> 在父母面前，我是個頑皮的孩子像權杖侍者。
> 在老師面前，我是個認真的學生像錢幣侍者。
> 在同學面前，我是個活躍的班長像權杖王后。
> 對待追求者，我不假辭色是寶劍王后。
> 對家中寵物，我百般愛護是聖杯王后。

3. 當你需要幫助時，四位王后會各自用什麼方式幫助你？

> **參考提示**
> 權杖：精神上的鼓舞
> 聖杯：情感上的支持
> 寶劍：理智上的分析
> 錢幣：實質上的幫助

4. 找工作時，四位國王中你會希望誰當你的老闆？為什麼？

> **參考提示**
> 權杖：最有衝勁與活力
> 聖杯：最慈祥溫和好相處
> 寶劍：最有專業素養和理性
> 錢幣：最腳踏實地可信賴

5. 試以宮廷牌來描述你的親朋好友。

> **參考提示**
> ·爸爸很慈祥，對我很寬容，是聖杯國王。
> ·媽媽比較嚴格，有點兇，是寶劍王后。
> ·爺爺雖然年紀大了，可是個性跟小孩子一樣，對我很好，是聖杯侍者。
> ·哥哥只顧工作，常常加班，是錢幣騎士。
> ·妹妹很賊，常常打小報告，又愛聽影劇八卦，是寶劍侍者。
> ·男朋友到處跑來跑去，閒不下來，脾氣有點急，是權杖騎士。

我 的 塔 羅 筆 記 ——

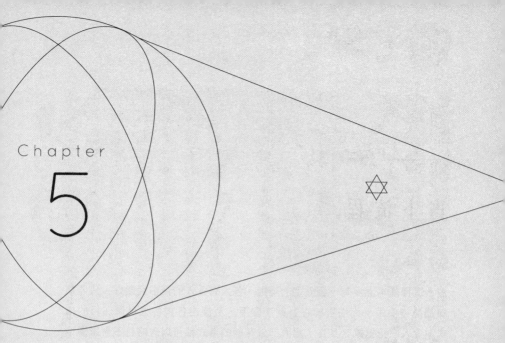

實占技巧———

學了再多牌義，終將上場演練。在本章
節中，你將學到完整的占卜流程、問一
個好問題的訣竅、牌陣的組成要素和三
個實用牌陣、解牌的統整技巧、處理時
間問題的妙計，還有初學者常感困惑的
宮廷牌解讀心法。

1

占卜流程

占卜流程基本上沒有一個公定的規則，各人有各人的習慣與偏好，只要熟練都能夠使用。而塔羅牌在長期演變下，發展出各式各樣琳瑯滿目的儀式，令人眼花撩亂。其實，絕大部分花俏的儀式都可以省略且不會影響準確度，而只要不裝神弄鬼，玩家可依照自己的偏好選擇性的實行，甚至自行創造。

在這樣的情況下，儀式變得比較像是個人的習慣，能夠使人感到自在，進而收到集中精神之效。不過，使用儀式有個小缺點：一旦養成實行儀式的習慣之後可能導致玩家太依賴儀式，如果沒有實行，就覺得渾身不對勁而影響解牌準確度。事實上，儀式可有可無且不會影響準確度，請放心。

在正式說明之前，為避免初學者混淆，有兩個名詞需先加以解釋：第一是「問卜者」，指的是問問題的人。第二是「解牌者」，指的是解牌的人。如果自占自解，那麼問卜者與解牌者是同一個人。當然，名詞並不只限定這兩種，問卜者也可稱做「求占者」、「當事人」，解牌者也可稱做「占卜者」、「分析師」等等。

雖說占卜流程沒有一定的規則，然而我們仍然可以歸納出幾點必須遵循的基本步驟：

◎問個有建設性的問題

在接觸牌之前，第一個要確認的是你的問題為何。怎麼問一個好問題恐怕沒有想像中那麼簡單，詳細的解說請見第232頁。

◎調整環境與心情

心態與準確度有密切的相關。因此，請不要抱著遊戲的心態來進行塔羅分析。尤其在為別人占卜時，請確定他是真的想解決問題，而非抱著好玩、不相信，甚至是想測試占卜者功力的心態。這個大前提如果沒有達成，很容易得到不正確的結果，對解決問題更是完全沒有助益。

在環境方面並沒有嚴格的限制。安靜的地方可以幫助我們放鬆心情，集中精神，但若有能力在嘈雜的環境中集中精神，又有何不可呢？當然，最基本還是要有一張乾淨的桌子，桌面不要太小，以免洗牌或使用大型牌陣會不方便。講究一點的可以拿塊絨布鋪在桌上以保護塔羅牌免於刮傷，絨布以深色素面為理想，才不會眼花撩亂。特別推薦黑色絨布，因為黑色會使圖像顯得特別清晰鮮明又美觀。

前面的步驟都完成後，請集中精神，放鬆身心，不要緊張，也不要想到負面的事，儘量保持心情寧靜。

◎決定牌陣

依據問題選擇適合的牌陣。簡單的問題用簡單的牌陣，複雜的問題可以用較大的牌陣。建議初學者不要使用太複雜的牌陣，以免找不到頭緒。

◎洗牌

決定好問題與牌陣之後，就可以開始洗牌了。洗牌可以由問卜者進行，也可以讓解牌者進行。洗牌的方式很多。常見的有兩種：

1.撲克牌式：這個撲克牌式洗牌法可不是花俏的「兩疊牌放在桌面，劈哩啪啦交錯刷下來」。那樣炫麗的方式，留給撲克牌用就好，除非有錢把牌當消耗品使用，否則這種方式很容易把牌弄舊弄壞（警告：如果把別人的塔羅牌拿來這樣洗的話，他很可能會翻臉）。在這裡的撲克牌式洗牌法指的是一般洗牌的方式，玩過牌的應該不用教就會，如果勉強用文字來描述的話，那就是「把整副牌背面朝上放在右手，用左手隨意抽出一疊置於其上，如此反覆進行」。假如不想分正逆位置，可以用這個方式洗牌；若要使用正逆位，必須每隔一會將部份的牌旋轉180度。這個方法適用於兩種情況，第一是不想分正逆位時，第二是桌面不夠大時。

2.麻將式：把整副牌背面朝上置於桌面，像洗麻將一樣的搓洗，順時鐘逆時鐘不拘。這個方式洗得很乾淨，正逆位也都有，唯一的缺點是對於桌面環境的要求高，最好有布墊著。

無論使用什麼方式，洗牌的時間都不拘，只要確定洗乾淨就沒問題。眼睛張開或閉著也不拘。洗牌的目的是取得亂數——在任何種類的占卜都是如此，包括易經的投擲銅板、求籤等，都必須取得讓問卜者無法預估的亂數，才能使占卜運作。

在收牌時，通常牌會先橫向收攏。如果分正逆位，那麼在轉為直向時，請記住一個原則：不管幫別人算或是自己算，不管是誰洗牌，都順時針九十度轉正即可，而正逆位的方向則以收牌者為準。

順時針轉九十度是一般的習慣，不過，塔羅牌很聰明，會照著使用者的習慣來調整。所以，如果你想起自己在過去三年中都逆時針轉正，也不需懊惱，因為塔羅牌會照著你的習慣調整，逆時針轉，只要用習慣了也會準。

◎切牌

這個步驟必須由問卜者進行，因為切牌的目的在得知問卜者對這個問題的心態，由問卜者切，反映出的才是他本人的想法。

切牌的方法是，在牌收攏轉正之後，請問卜者任意拿起一疊牌放到旁邊，厚薄完全隨意。被拿起的牌中，最底部那一張就是切牌。

解牌者在把切牌的訊息記在心裡之後，就把原先的牌置於切出的那疊牌上方，收攏，繼續進行下一個步驟。

◎抽牌

將牌背面朝上攤開成扇型。由問卜者抽出需要的牌數。左右手不拘，張眼閉眼不拘。由問卜者抽的原因是為了得到最原始的資料。讓別人替問卜者抽牌，中間總是隔著一個媒介，抽出的是二手資料。因此最好讓問卜者親自與牌接觸，他所抽出的才是最能反映事件本身的第一手資料。

這個步驟有兩點需要注意。第一，邊抽牌時最好先不要把牌翻成正面，以免受到抽出來的牌影響心情。第二，有時候問卜者會一次抽出兩張牌，這時請詢問他，哪一張是先，哪一張是後？以決定順序。

◎解牌

將問卜者抽出的牌，依照順序，排成牌陣。排完之後，就大功告成，可以依序翻開，開始解牌了！

如何問一個好問題

對於初入門的學習者，有一個觀念絕對要記得，塔羅牌提供的答案並不是唯一的結果，也不是所謂的註定，而是「照這個情勢演變下去而不加人力改變，所得到的結果」。

打個比喻來說，我們可以將人生看成一個多重結局的電腦遊戲，玩家做的每個選擇都導向不同的結局，而塔羅牌就是作弊的工具，可以偷偷告訴玩家「照他目前的選擇走下去會得到何種結局」。玩家如果對結局不滿意，隨時可以改變。真正的結果還是掌握在自己手中。

因此，在問問題的時候，最重要的是要找出一個對當事人最有幫助的好問題，要讓當事人能夠盡人事，得到最好的結果。譬如說，與其問「我跟他是不是會分手？」而束手待斃，不如問「我該如何改善我們的關係？」或是「照目前這個狀況看來，我跟他未來的發展如何？」。與其問「我今年能不能獲得升遷？」，不如問「我該如何做，才能在今年獲得升遷？」

最理想的問題，應該是要能幫助你看清局勢，找出癥結，採取合宜對策，無論打算放棄、努力還是換個方法，都期望可在能力內達到最好結果。

除了這個最重要的核心觀念之外，還有一些初學者常犯的技術性毛病，茲說明如下。

◎ 要明確，不可太籠統

愈明確的問題，就會得到愈明確的結果。如果只是很模糊的問「我的愛情運如何？」，那也只會得到很籠統的答案而已。

◎ 要短期，不可太長期

有些人以為塔羅牌可以算出一輩子的事情，這是大錯特錯。塔羅牌是面對特定問題尋求答案的「占卜」，不是綜觀天生性格與後天運勢的「命理」。所以你可以問「我跟某甲吵架該如何解決？」或「兩個工作機會我該選哪一個？」，而不能問塔羅牌「我這輩子嫁不嫁得出去？」或「我今生的老公會不會是外國人？」。對於可能要兩年之後才會發生的事，變數太大，也不宜占卜。

◎ 不要問與自己無直接相關的問題

塔羅牌占卜時，最好讓與問題直接相關的人抽牌，否則也必須請與問題密切相關的人抽牌才可以，否則不會準確。比方說，如果隨便找一個路人來抽牌占卜中東戰事的發展，你抽到太陽，我抽到惡魔，他抽到世界，全世界每個人抽一張，人人不同，這該如何解釋？面對這種問題，必須請美國總統、伊拉克總統，或是國家級的大臣將領來抽牌，才有意義，因為他們才是與這個問題直接相關的人。

再舉一個例子，如果想知道某甲與他父親的相處狀況，必須請某甲或他父親來抽牌。如果某甲的母親夾在他們中間做調人，則請她來抽牌，也可以接受，因為她和這個問題也有密切的相關。

所以我們應該避免問與自己無密切相關的問題，諸如隔壁鄰居現在的感情狀況如何，十年沒見的老朋友現在財務狀況如何，或是各種國運天下事，除非能找到當事人親自抽牌，否則都不應占卜，即使卜了，準確率也跟猜的沒兩樣。

◎ 不要問過去的事

過去的事已經發生了，無論怎麼算都無法改變，也沒有意義。反倒是占卜過去事情的問卜心態，好像在測試塔羅牌的準確度。抱持這樣不認真的心態，算出來的答案通常不會準確。

◎ 不要讓塔羅牌為你做決定

初學者常拿著塔羅牌東問西問，大至人生方向，小至午餐要吃什麼、衣服要穿什麼都問。很多事情明明可以憑理智來做決定，他卻讓塔羅牌替他決定，這等於放棄了自由意志。在占卜時，從塔羅牌中能夠得到啟發，把問題看得更清楚，但最終的決定權，還是得牢牢把握住。

還有一些問題是可以靠自我要求來達成的，諸如「我這個月減肥會不會成功？」或「我這門課會不會不及格？」。如果問了這類的問題，等於放棄了努力，塔羅牌會成為阻礙你成長的絆腳石。

◎ 不要把牌人格化

雖然現代人講究科學，但還是有不少人相信牌中住有精靈，或是牌有它自己的個性。有人會問：「牌啊，我們初次見面，你的個性是什麼？」、「牌啊，你是不是被我問得很煩了？」或「牌啊，我能不能再買一副新牌？」，諸如此類的問題，讓人哭笑不得。

我們可以將塔羅牌視為人生路上的好朋友，但不要當真以為牌有脾氣有個性。假使我們在廟裡求籤，或用三枚錢幣占卜易經，那籤和錢幣都只是工具，沒有人會將那些工具人格化。它們之所以會準確，力量來自使用的人，切勿本末倒置，讓自己被塔羅牌所控制。

◎ 審慎詢問健康問題

一般而言，健康問題最好詢問專業的醫師，不要問塔羅牌。可以接受的狀況則是在占卜檢視自己的身心狀況或一年運勢時，可能會出現某些牌，指出你身上某個地方可能出了問題。在瞭解之後，也必須自行好好保養照顧，才是真正有益的占卜。

練習題

以下幾句都是不理想的問題，請指出缺陷所在，或將它們修改成適當的問題。

1. 我老年運如何？

2. 我懷孕了嗎？

3. 我的前女友是不是交了新男友？

4. 去年我破產是不是因為老王陷害我？

5. 我如果選擇這個學校，能不能順利畢業？

6. 我追不追得到她？

7. 本次國家籃球賽，哪一隊會贏？

參考答案

1. 太籠統，太長期。

2. 請問驗孕棒或醫師。

3. 必須請前女友本人來抽牌。

4. 不宜占算過去之事。

5. 太長期，放棄自由意志。可考慮修改為：這個學校對我有什麼利弊？我該用什麼態度應對最適宜？

6. 放棄自由意志。建議修改為：我跟她的相處狀況和未來發展如何？我的最佳應對態度為何？

7. 無直接相關。必須請參賽隊教練或球員來抽牌。

3

牌陣百寶箱
牌陣是什麼

每一張牌都像是一個演員,而牌陣提供舞台讓他們演出。牌陣是為了深入
剖析問題而使用的特定陣形,由以下幾個要素構成:

◎主題
有些牌陣可以解決幾乎所有問題,俗稱「萬用牌陣」,例如四要素牌陣;
有些牌陣解決特殊事件,例如感情牌陣。有些牌陣專門解決時間問題;有
些牌陣解決選擇題;還有些牌陣專門解決是非題。在占卜時,請依據問題
的性質,來決定使用何種牌陣。

◎牌數
牌陣使用的牌數從一張牌到數十張不等。通常一至三張用來解決簡單的問
題、日常生活的問題、是非題;四到九張解決幾乎所有一般性的問題;十
張以上是面對複雜狀況的牌陣,時間很多時才建議使用。

◎陣形
每一個牌陣有不同的陣形,通常以幾何形或神秘學符號為主。好的陣形可
以協助我們把問題視覺化。

◎各位置的意義
各位置的意義必須定義明確,並且緊扣主題。

◎放牌的順序

不會影響準確度，但必須固定，並以好記為宜。

◎特殊限制

有些牌陣會有特殊的限制，例如只能使用特定牌組的牌，有解牌的特殊方式，有些牌陣必須兩個人抽牌，看設計者的用意而定。

◎加牌

由於大牌表現精神層面，所以在占卜時有時顯得很籠統，有些人就會在大牌旁邊附加一至兩張牌補充說明。有時候加牌的確可以澄清問題，但有時候連加了好幾張都是大牌，反而會把問題弄得更複雜。因此，建議初學者，只要能解得出來，就不要加牌。如果決定要加，也盡量以一張為限，最多不能超過兩張。如果加了還解不出來，就暫時放棄，不要繼續加下去。如果加了還是大牌，表示這個位置對問題的影響非常巨大，請特別注意。

一般而言，建議初學者從一至三張的牌陣開始學習，得心應手之後，才進入下一個階段。四到九張牌已經可以解決百分之九十以上的問題，因此牌數不需貪多，也不用迷信大牌陣。依據問題性質選擇適當牌陣，才是重點。

實用牌陣介紹

◎是非題牌陣

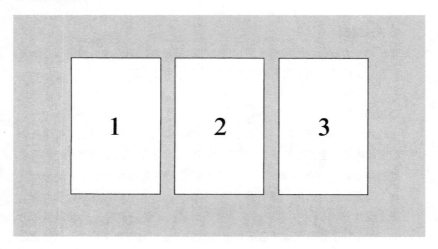

使用時機：只有「Yes」或「No」兩種答案的問題。

解讀方式：(1)算正逆位的數目，全正則「Yes」，全逆則「No」。

(2)若兩正一逆，則「可能Yes」。若兩逆一正，則表「可能 No」。

(3)補充論法：正位牌代表當事人可以運用的長處或資源。逆 位牌代表需要解決的問題。

特殊限制：必須區分正逆位。

實際範例：我應不應該在出國唸書前跟小美告白？

切牌

深度解析：從切牌可以看出當事人迷惘的心態。兩正一逆，答案是「可能
Yes」。若想進一步了解問題，使用補充論法，看到三張牌只
有錢幣二是逆位，顯示是當事人自己的不確定感作祟，可能是
面對即將出國的心情，心中一直猶疑不定。其實對方應該是樂
意付出感情的（聖杯侍者），當事人必須保持信心與希望（星
星），就能放下不安的心情，大方去表白。

◎人際關係牌陣

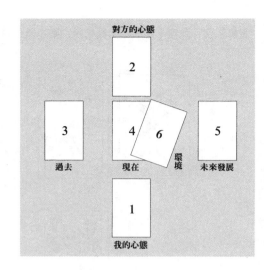

對方的心態

2

3　　　4　6　　5

過去　　現在　環境　未來發展

1

我的心態

使用時機：

面對各種人際關係問題時使用。

解讀方式：

(1)如果雙方剛認識不久，則過去的位置可以省略。

(2)檢視雙方看待這段關係的態度是否有落差，問題何在。

(3)目前的狀況如何？如果有問題，原因可能出在誰的身上？還是環境因
　素造成？

(4)這種種因素如何影響他們的未來？該如何改善？

特殊限制：無

實際範例：

我跟認識兩年的男友最近吵架了，我想知道我們之間的未來發展。

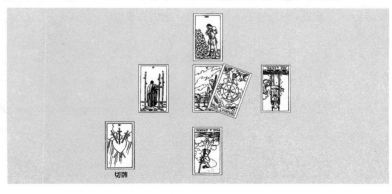

切陣

切牌：

可以看出當事人悲傷的心情。

當事人：

寶劍侍者個性本來就不成熟，還是逆位，表示當事人可能做出什麼幼稚的舉動，説出不經思考的話，造成傷害。

對方：

對方認為他們過去的感情基礎還不錯，但經過這次吵架，他目前正在深思兩人關係未來應該要如何繼續。然而，他並沒有要放棄感情的意思，反而希望能繼續發展。

過去：

兩個過去的關係已經有一定的基礎，也許是遠距離戀愛，但整體而言還算成功。

現在：

顯示這是無謂的的爭執，無論誰爭勝，對雙方都沒有好處。

未來：

聖杯一逆位，顯示如果沒有善加處理，照這個情況演變下去的話，雙方都無法真誠付出感情，對兩人的關係會有不利的影響。

環境：

兩人的環境目前正面臨很大的改變，對他們的關係可能有相當大的影響，這點可以進一步詢問當事人，以獲得進一步資訊。

整體參看：

這次的爭吵，當事人本身不成熟的言語或行為（寶劍侍者逆位）可能是主因，同時她自己也感到很難過（寶劍三）。牌陣中有三張寶劍牌，顯見此事已經對雙方造成一定的傷害，尤其是當事人自己，傷害了對方（寶劍五），也傷害了自己（寶劍三）。

進一步詢問之後，原來她男友最近退伍（命運之輪），兩人原本可以共同生活，但男友卻接受外地的工作，因而使當事人心生不滿。以他們過去的情形看來，即使是遠距離戀愛，也能維持得很成功（權杖三）。建議當事人先放下自私的心態，以成熟的態度，跟男友溝通，看男友思考兩人關係之後的打算如何（錢幣七），兩人一定可以找出一個解決之道，未來的發展（聖杯一逆位）就可以轉正。

◎直指核心牌陣

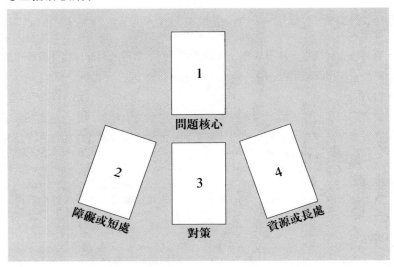

使用時機：

這個牌陣的形狀就像一把利椎直指問題核心，用來解決任何實際的問題。

解讀方式：

(1)先檢視問題的核心，弄清楚問題的本質。

(2)檢視當事人的資源或長處，以及障礙或短處。並試圖找出充分運用長
　處並消除短處的方法。如果長處的位置是逆位，表示目前這個長處尚
　未被發現或妥善運用。如果短處的地方是逆位，可能表示當事人尚未
　意識到這個部分，或是有克服上的困難。

(3)對策提供一個具體的解決之道。

特殊限制：

無

實際範例：朋友向我借錢卻不歸還，我該如何解決？

切牌

切牌：

顯示當事人打算要用鐵腕決心來解決問題。

問題核心：

錢幣騎士逆可能代表借錢的朋友，他已經變得自私自利，只重視物質。

障礙或短處：

顯示當事人礙於朋友之間的情誼，不想傷感情。

資源或長處：

所幸當事人可能會在金錢上得到他人幫助，所以暫時不會影響到生活。

對策：

正義牌很明顯建議當事人採取法律行動。

整體參看：

從當事人本身的決心（戰車），和牌面所建議的對策（正義）來判斷，建議當事人放下怕傷害朋友感情的心態（聖杯三），大膽採取法律行動。因為他的朋友雖然很自私，但這樣重實際的現實心態，也讓他沒有膽子吃上官司（錢幣騎士逆位）。如果此時有人願意幫助當事人，無論是在金錢還是其他方面，也建議當事人可以大方接受（錢幣六）。

解牌秘笈

即使將牌義記得滾瓜爛熟，紙上談兵助益也甚微。初學者在解牌時，通常只會逐牌講解，過去解完解現在，現在解完解未來，但卻無法提綱挈領，掌握重點。在這個章節中，讀者將會學到如何整合牌陣中所有的牌，並聽懂牌中的弦外之音。

◎ 數大牌與小牌的比例

在牌陣整個翻開時，第一步請數數看大牌和小牌比例為何。正常的狀況下，大牌與小牌的比例應為大約1:2.5。也就是說，以七張牌的牌陣而言，大牌應該有兩張，小牌有五張。

以十張牌的牌陣而言，大牌應有二到三張，小牌有七到八張。如果一個牌陣中，大牌出現的比率遠超過正常範圍，則表示這個問題影響很大，當事人覺得很重要，也表示以當事人之力能夠控制的範圍不大，他對此事能夠做的並不多。還有一個可能是這件事表面上幾乎沒有發展，但當事人心中朝思暮想，大牌反映他內心的狀態。相對而言，如果牌陣中幾乎都是小牌，則表示此事對當事人影響較小也較短期，當事人能夠以己之力做改變的空間較大。

舉一個實際案例說明，某小姐占問感情，十張牌有七張是大牌。原來她跟男友分手已經兩年，平常只有偶爾聯絡問好，但是她總日夜牽掛，朝思暮想，希望能有復合的一天。這麼多象徵精神層面的大牌，反映出這件事對她影響很大，她認為非常重要，但此事都是在她內心進行，她自己能做的並不多，只能消極等待。

◎ **數小牌四個牌組的比例**

正常情況下，四個牌組的比例應該均等。不過這樣的情形在占卜中並不常見。通常會是某一個或某兩個牌組大量出現。我們都知道四個牌組分別有不同的特質，所以當某個牌組大量出現時，則可從中看出一點關於問題的端倪。

* 權杖——行動、創造、改變
* 聖杯——感情、直覺、人際關係
* 寶劍——問題、傷害、思考
* 錢幣——金錢、享樂、現實層面

如果問工作問題，則樂見權杖或錢幣。如果問感情問題，樂見聖杯。不管在什麼情況下，都不樂見寶劍牌，因為寶劍越多，傷害越大。萬一問感情時，聖杯牌都沒出現，可見感情成份已經很小。問工作問題，出現很多聖杯，顯示這個問題與人際關係較有關連，或是當事人多幻想，少行動。

◎ **數正逆位牌的比例**

如果一個牌陣中，絕大多數都是逆位牌，通常表示此事不是在「自然」或「正常」的情況下發展，有某些地方受到阻礙，可能有以下幾種狀況：

* 當事人不願面對現實，此時為他解牌助益不大。
* 事態艱難，變數很大。
* 事情是隱性、隱藏、在內心或秘密進行的，表面上看不出動靜。大牌很多時尤然。

在這方面的解釋流派眾多，因人而異，因此不需拘泥於特定的解釋。

◎ **尋找同號牌**

在前面的章節，已經跟讀者介紹過相同編號的牌具有某些共通性質。如果在一個牌陣中，出現兩張以上的同號牌，也給了我們一些解牌的暗示。

舉幾個例子來說明，如果一個牌陣中有很多一號牌，通常表示這件事還在起頭階段，像種子剛萌芽，有潛力，但不敢保證未來。如果出現很多二號牌，則此事通常有兩股力量，或者影響雙方面，可能與結合或對立有關。

如果有很多四號牌，則事態穩定。很多五號牌，則衝突和失落難免。如果有很多九號、十號牌，則表示此事發展已經完熟，接近尾聲。這個部分的解讀方式千百種，請讀者自行推演應用。

◎ 注意相似牌與相反牌

有些牌有相似的構圖或意義，重複出現時，則更加擴大明顯性，表示這些牌很有可能是問題的癥結所在。相反意義的牌也經常出現，指出問題中的矛盾點，對比越明顯，越應特別注意。

如果做過前面章節所教的「比較法」練習，則找出相似牌與相反牌不是難事。例如，某女占感情，出現吊人和女祭司，這兩張牌都有靜默、消極、被動、等待之意，顯見她對感情的態度太被動，可能是癥結所在。或者，某男占工作，出現死神與審判，顯見他必須放棄某些事物，才能迎接新生活到來。

◎ 注意大牌與逆位牌

大牌的份量比小牌重，請注意大牌出現在哪些位置，這個部分對問題有較大的影響。逆位牌則指出問題點，也應該特別注意。

例如，林先生占問與王小姐的感情發展，其他部分都是小牌，只有環境的位置出現教宗，這可能顯示他們受旁人眼光、道德、父母壓力影響甚大，逆位時，甚至可能對他們的感情有不良影響。此時，環境壓力就是林先生必須解決的問題癥結。

◎ 將所有的牌結合成一個故事

這是最困難的部分，需要時間累積功力。在前面的章節中，曾經提到用「結合法」理解牌義的練習。無論你用幾張牌的牌陣，請儘量試著將所有的牌結合成一個完整的故事。

時 間 問 題 小 錦 囊

塔羅牌一向不擅長解決時間問題。舉凡「我何時可以……」、「我什麼時候會……」開頭的問題,常常難倒一堆老手。

事實上,確實有些方法可以解決這類的時間問題,不過,由於塔羅牌畢竟只能占算短期的卜術,時間越久,變數越大,所以占卜這類問題的時限大約只有一年,如果那件事要兩年後才會發生,就算不出來。

在講解時間占算法之前,有些觀念讀者不可不知。時間占算的結果經常是一翻兩瞪眼的,但是不要以為算出來就絕對會發生,因為很多事的發生時間其實操之在己。假設有人會問他何時可以交到女朋友,算出來是三個月內,結果他回家就等了又等,也不出門多認識女孩子,也不主動追求,結果三個月過了還等不到,才氣急敗壞說塔羅牌不準。事實上,與其責怪塔羅牌,不如怪他自己錯失良機。

為了解決時間問題,前人絞盡腦汁想了很多方法,這個章節中提供五種簡單的時間占算法。也許將來你也可以發明自己的時間占算法。

◎ **大牌數字法**

這是最簡單也最粗糙的方法,請不要太過依賴此法,否則難免會失望。首先,依照常理判斷這件事可能在幾天、幾週或幾月之內發生,然後抽出一張大牌,那張大牌的編號是幾號,就代表那件事將在幾天、幾週或幾月之內發生。如果抽到愚人,就不會發生。

例如,小英問她何時可以畢業,以月為單位,抽到五號教宗牌,則表示她在五個月之內可以畢業。

◎大牌星座對應法

二十二張大牌中，有十二張跟星座對應，同時也對應到一年中的十二個月份。我們可以利用這個原理，來占算某件事在一年之內的哪個月可能發生。

這個方法只需要用到二十二張大牌，所以第一個步驟請把大牌都挑出來。依照正常占卜流程洗牌切牌，不需使用逆位，然後抽出一張牌，若該牌有對應星座，則代表在那個星座的時間之內會發生。例如，抽到皇帝牌，對應牡羊座，則代表在接下來的3月21日到4月20日之間會發生。如果抽出來的牌沒有對應到星座，則表示在未來一年之內還不會發生。

關於星座與時間的對應，請參照下表。

大牌	對應星座	時間
4皇帝	牡羊	3月21日-4月20日
5教宗	金牛	4月21日-5月20日
6戀人	雙子	5月21日-6月20日
7戰車	巨蟹	6月21日-7月21日
8力量	獅子	7月22日-8月22日
9隱士	處女	8月23日-9月22日
11正義	天秤	9月23日-10月22日
13死神	天蠍	10月23日-11月22日
14節制	射手	11月23日-12月21日
15惡魔	摩羯	12月22日-1月19日
17星星	水瓶	1月20日-2月18日
18月亮	雙魚	2月19日-3月20日

◎問題限制法

在問問題的時候，直接加上一個時間來限制它。例如，請問我在三個月之內可否畢業？則算出來的結果，如果希望很大，就表示三個月之內可以畢業。如果狀況看起來很糟，就等三個月後再算一次。這個方法的缺點是只能問是非題，不能問選擇題。

◎時間曆法

這個方法又分為週曆、月曆或年曆法。如果這個問題可能一週內發生，則抽出七張牌，分別代表未來七天的狀況，看看哪張牌的希望最大。如果這個問題可能會在下一個月內發生，則抽出三十或三十一張牌，排成月曆的形式，分別代表下個月的第一天到最後一天，看看哪一天最有可能。如果是一年內才會發生，則抽出十二張牌，分別代表接下來十二個月的狀況，看看哪一月希望最大。

月曆法

這個方法的缺點是,可能同時有好幾天看來都很有希望,此時可能會陷入難以抉擇的困境。例如,老張問何時可以獲得升遷,結果在年曆法中出現命運之輪、錢幣三、權杖三,到底哪一張牌最有可能代表升遷,就是解牌頭痛的地方了。

另一個可能的狀況是其實這件事在期限內還不會發生,但是解牌者還是選出一個看起來最有可能的日子,就會出現解牌的誤差。

◎小牌時間對應法

小牌的四個牌組分別對應到一年四季,除了侍者之外的十二張宮廷牌可以對應到十二個月份,除了一號之外的三十六張小牌可以對應到一年的

三十六旬。於是我們可以運用這個對應，來占算出某件事在一年中的哪十天可能發生。此法可以說是目前最精確的時間占算法。

占卜前事先將大牌和四張侍者抽出不用。剩下的五十二張牌就依照正常程序洗牌切牌，不需區分正逆位，然後開始抽牌，依照順序排列在桌面上。每抽一張，就把牌翻到正面，一直抽到任何一張一號牌出現就停止。

此時，也許你只抽了兩三張，也可能抽了幾十張，才碰到一號牌，這都沒有關係。請看看你抽到的是權杖一、聖杯一、寶劍一還是錢幣一，這代表季節。

每一個季節之下有三張宮廷牌，代表月份。接下來，請查照表格中，是否有代表該季節的宮廷牌出現。如果有，請繼續下一個步驟，如果沒有，則表示這件事在一年內不會發生。

每一個宮廷牌之下，又有三張小牌，代表該月份的上中下三旬。如果已經有代表該季節的宮廷牌出現，則繼續找出是否有對應此宮廷牌的小牌，如果有，則恭喜你！算出精確的時間了。如果沒有，則頂多只能確定那件事發生的月份，無法肯定是該月的哪十天。

舉例說明，某甲問何時可獲得加薪，依序抽出權杖王后、錢幣六、聖杯二、寶劍一，抽到一就停止。依表格所示，寶劍一代表秋季。接下來他必須找出寶劍王后、聖杯國王或權杖騎士出現，很不幸的，一張都沒有，所以結果是他一年之內可能不會獲得加薪。

如果某甲問何時可交到女朋友，抽出權杖四、錢幣國王、聖杯三、寶劍王后、權杖王后、權杖一，到此停止。權杖一代表春季，某甲繼續找出權杖王后和錢幣國王都出現了，表示可能發生在春季中牡羊座或金牛座的月份。他接下來必須找出是否有權杖二至四或錢幣五至七的牌出現，很幸運的，權杖四出現了，表示他在牡羊月份的下旬可以交到女朋友，參照表格得到4月11日到4月20日的結果。

在上面一個例子中，如果出現權杖四和錢幣六同時出現，則表示4月11日到20日和5月1日到10日這兩個時間都有可能。

塔羅牌跟占星的對應系統非常繁多，不同流派有不同的對應法，不過，並沒有哪個系統比較準的分別。此表格主要採取美國塔羅名家Mary K.

Greer的系統。如果你懂占星，認為別的對應系統你比較認同，就儘管使用。無論什麼系統，用習慣了，都一樣準確。

然而，這個方法不是沒有缺點。因為一般人無法記憶這些精確的對應，所以在占卜時必須依賴參考資料。萬一占算時手邊剛好沒有資料，就只好把抽到的牌記下來，回家找資料亡羊補牢一番。

一號牌 季節	宮廷牌 月份	星座 時間	小牌	時間
權杖一 春	權杖 王后	牡羊 3月21日-4月20日	權杖二	3月21日-3月30日
			權杖三	3月31日-4月10日
			權杖四	4月11日-4月20日
	錢幣 國王	金牛 4月21日-5月20日	錢幣五	4月21日-4月30日
			錢幣六	5月1日-5月10日
			錢幣七	4月11日-5月20日
	寶劍 騎士	雙子 5月21日-6月20日	寶劍八	5月21日-5月31日
			寶劍九	6月1日-6月10日
			寶劍十	6月11日-6月20日
聖杯一 夏	聖杯 王后	巨蟹 6月21日-7月21日	聖杯二	6月21日-7月1日
			聖杯三	7月2日-7月11日
			聖杯四	7月12日-7月21日
	權杖 國王	獅子 7月22日-8月22日	權杖五	7月22日-8月1日
			權杖六	8月2日-8月11日
			權杖七	8月12日-8月22日
	錢幣 騎士	處女 8月23日-9月22日	錢幣八	8月23日-9月1日
			錢幣九	9月2日-9月11日
			錢幣十	9月12日-9月22日

一號牌 季節	宮廷牌 月份	星座 時間	小牌	時間
寶劍一 秋	寶劍 王后	天秤 9月23日-10月22日	寶劍二	9月23日-10月2日
			寶劍三	10月3日-10月12日
			寶劍四	10月13日-10月22日
	聖杯 國王	天蠍 10月23日-11月22日	聖杯五	10月23日-11月1日
			聖杯六	11月2日-11月12日
			聖杯七	11月13日-11月22日
	權杖 騎士	射手 11月23日-12月21日	權杖八	11月23日-11月2日
			權杖九	11月3日-12月12日
			權杖十	11月13日-12月21日
錢幣一 冬	錢幣 王后	魔羯 12月22日-1月19日	錢幣二	12月22日-12月30日
			錢幣三	12月31日-1月9日
			錢幣四	1月10日-1月19日
	寶劍 國王	水瓶 1月20日-2月18日	寶劍五	1月20日-2月29日
			寶劍六	1月30日-2月8日
			寶劍七	2月9日-2月18日
	聖杯 騎士	雙魚 2月19日-3月20日	聖杯八	2月19日-2月28日
			聖杯九	3月1日-3月10日
			聖杯十	3月11日-3月20日

6

如何解宮廷牌

宮廷牌也是許多初學者在實際占卜中的罩門。為了突破解宮廷牌的障礙，首先必須了解，當宮廷牌出現時，可以粗略分為人物解或事件解，有以下幾種狀況：

◎人物：
    1. 當事人
    2. 對問題產生影響的某個人
    3. 影響問題的某個性格面

◎事件
在占卜中，以人物解的機率遠大於事件解。當宮廷牌出現時，可能代表當事人自己或他的某個性格面，也可能是某個相關人士或他的性格面。少數情況下，才代表事件。打個比方，老王占卜事業，出現權杖國王，可能代表老王本身是負責領導統馭的主管，或代表他的某個上司，若解為事件，則可能表示老王正面對某個必須用大刀闊斧行動來解決的狀況。

李小姐占卜愛情，出現寶劍騎士，可能表示李小姐本身在戀愛時採取傷害對方的舉動，或是她的對象有寶劍騎士一樣激烈的性格，若是事件，則可能代表他們之間的口角爭執。

如果宮廷牌出現在牌陣中代表「建議」的位置，也經常讓初學者不知所措。其實這很簡單，如果是正位的宮廷牌，則建議當事人採取那張宮廷牌的行事作風。如果是逆位的，則不要採取那種行事作風。有時候也可以代表應該前往諮詢的對象。例如，老張占卜與老王的關係，建議牌出現權杖王后正位，則建議老張應該採取權杖王后開朗主動的態度，與老王相處。

又譬如李小姐占卜工作，出現寶劍國王逆位，則建議李小姐不要採取寶劍國王的行事作風，或者不要尋求專業人士的諮商。

如果宮廷牌是出現在「環境」的位置，又該如何解析呢？同樣的，宮廷牌可能代表週遭環境中某個影響此事的人，或是某種群體氣氛。例如，小陳占卜與林小姐的感情，聖杯騎士出現在環境的位置，可能代表林小姐有了心儀的對象。又例如，小陳占卜與吳小姐的關係，寶劍侍者出現在環境的位置，可能表示有人挑撥離間，散播謠言，而影響他們的感情。

我的塔羅筆記 ——

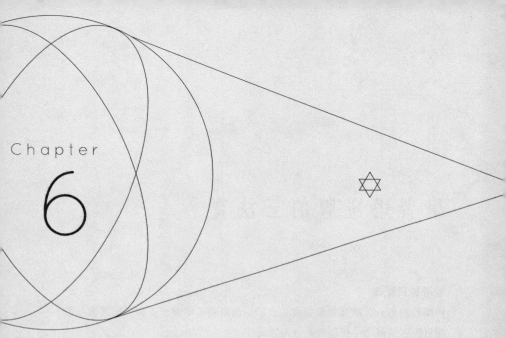

個人化————
你的塔羅牌

塔羅牌鮮明的個人風格令人目眩神迷，
本章節中你將會學到如何創造自己的占
卜風格，還有不可不知的職業道德喔！

學 習 塔 羅 牌 的 三 法 寶

◎塔羅日記本

初學者的第一個練習對象通常是自己，而且通常從解一張牌開始起步，塔羅日記就是最適合初學者的練習方式。

每天晚上睡覺前，先把牌洗好，放床頭。早上睡醒時立刻抽一張牌，那張牌會反映出你當天的生活。大牌可能反映心情狀態，也許是比較長期的。小牌反映一天中經歷的事件。宮廷牌則反映當天所見的人，或是自己，反映事件的情況較少。

你這一整天都要保持警醒，儘量辨認出當天抽的牌是如何反映你的生活。晚上回家之後，把那張牌和當天的事件記錄在你的塔羅日記本上。

記錄的方式，建議把大牌和小牌的四個牌組各用不同的顏色記錄，在一段時間之後，你就可以對自己的生活狀況一目了然。經常抽到大牌的，通常表示有很多精神活動，例如，心裡盤算很多事情。權杖表行動，聖杯表感情和人際關係，寶劍表衝突與麻煩，錢幣表金錢或享受。

長期下來，你可以統計自己抽到的牌組比例，就會對自己的生活型態更加覺知。你還會發現某些牌不斷重複出現，某些牌就是不出現，這些也都可以讓你更加了解自己和牌義的關聯。

◎塔羅個人牌義書

在前面的章節中，已經提過每個人都有不同的牌義庫，而塔羅牌義本就是供你記錄專屬自己的牌義之工具。

當你每次做完第二章「如何快速記憶牌義？」所教授的練習之後，立刻把自己的體會寫下來。可以用關鍵字，也可以把詳細的心得都紀錄下來。未來把它拿出來複習，這本牌義書將會成為你最珍貴的法寶。

牌義本建議使用活頁紙，因為在功力加深之後，你的牌義庫也會不斷擴充，需要不斷的增加新資料。如果情況許可，最好把牌圖也貼進牌義本，這樣在閱讀時才方便對照圖像與牌義。

我的塔羅筆記

◎塔羅記事簿

初學者在解牌時，遇到困難是正常的。也有可能在解牌之後，發現根本與事實不符。此時，記事簿就是你的壓箱法寶了。

請初學者培養一個好習慣，在每次做完占卜後，都把詳細情形記錄下來，以方便未來對照檢討，對於增強功力也會有很大的幫助。記事簿的格式可以參考以下範例：

日期：	問卜者：
問題：	
牌陣名稱：	
陣形（請把陣形與抽到的牌畫在此欄位，逆位牌可加註負號或R）：	
我的解讀：	
後續發展：	

如果問卜者不希望你把他的名字紀錄下來，則記錄性別和年齡即可，也可以寫下最像他的宮廷牌。

在後續發展的欄位中，請追蹤問卜者後來所採取的行動和得到的結果，才能驗證自己的占卜是否正確。如果不準確，這份記錄正好可以讓你檢討問題出在哪裡。

創 造 個 人 風 格 的 牌 陣

塔羅牌陣千萬種，一定都要制式地照本宣科嗎？當然不是。其實牌陣是人
創的，你也可以自創牌陣！

牌陣是塔羅牌實占應用中，非常靈活的一環，隨時可以依據狀況而自創牌
陣。不過，要創牌陣很容易，要創出好牌陣就不簡單了。這個章節將提供
讀者自創牌陣的一些技巧，以及有趣的「與牌對話」無牌陣。

◎自創牌陣

1.選擇牌陣型態

要自創牌陣，首先必須先確定問題的性質，是要預測未來的發展，要分析
問題，要看不同選擇造成的未來發展，甚或綜合參看。我們可以大致把牌
陣型態分成以下四類：

* **時間型**：預測未來發展。
* **空間型**：分析問題狀況，但不預測。
* **多線型**：時間型分成多線，或空間型分成多線，或時間型加空間型分
　　　　　　成多線。用以分析不同選擇的狀況及未來發展。
* **綜合型**：時間空間綜合參看。

不同的問題適合不同型態的牌陣，自創牌陣的第一步就是要依照問題的性
質，來決定牌陣的型態。例如，選擇性的問題適合多線型牌陣；分析身心
狀態或兩人關係，適合空間型牌陣；準備三年的考試下週就要登場了，適
合時間型牌陣；大部分的一般問題都可以使用綜合型牌陣。

2.決定位置意義及張數

第二步，請依照問題的性質來分出幾個影響因素，以決定牌陣位置的意義，張數也會順帶決定。例如，如果你想尋找失物，你可能想知道找到失物的機率大不大，就設定一個牌陣位置代表找到的機率。接下來你想知道要去哪裡找比較正確，此時就可以分出地點A、地點B和地點C來考量。再來，你想知道自己是在什麼情況下把東西弄丟的，你也可以設定其中一個位置表示遺失的原因。於是，這個尋找失物牌陣就有五張牌，分別代表找到的機率、地點A、地點B、地點C、遺失原因。

請先決定各位置的意義，不要先決定張數。因為如果先決定張數，則各位置的意義必須硬性配合張數，會綁手綁腳。導致某些你想知道的部分，因為受限於張數，而不能放到牌陣中；或是為了湊足張數，而把一些不必要的因素放到牌陣中。

3.決定陣形

當確定各位置意義與張數之後，你就可以盡情發揮想像力，把牌陣排成各種形狀來實驗。你可以把牌陣排成神秘學符號、數學符號、標點符號以及日常生活中可見的物品。

好的牌陣要能以視覺化的方式，呈現問題的各個面向。所以你也不能完全隨心所欲，最起碼要讓你設計的牌陣能夠配合一

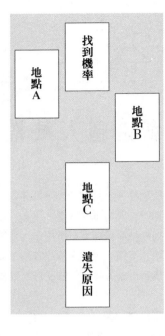

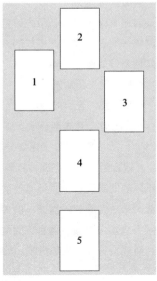

般人對牌陣的認知。以下是幾點常見的規則：

＊符號要配合問題性質

符號配合問題性質，才能切合主題，也比較好記。例如，金星符號代表愛情與財運，如果設計占卜考試的牌陣，卻排成金星符號形狀，兩者之間沒什麼關聯，會讓人感到困惑。

＊類似性質的因素要排在一起

不只在解牌時方便同時參看，也比較好記。

＊最重要的因素排在中心或上方

問題的核心、最終結果等中心因素，也要放在最顯眼的地方，通常是在牌陣的中心或上方。

＊基本、過去的因素排在左方或下方

一般人所認知的時間是由左至右線性發展的，而基礎通常是在下方。所以代表過去、基礎、原因的牌，通常排在左方或下方。

在上一個尋找失物牌陣的例子中，因為找不到東西很迷惑，所以你可以把牌陣排成問號的形狀。然後把地點Ａ、地點Ｂ、地點Ｃ排在一起。最重要的因素是找到的機率，通常擺在中心或上方，而遺失原因排在左方或下方。所以可以得出右邊這個牌陣：

4.決定放牌順序

請以最直覺式的方式決定放牌的順序。因為放牌的順序只要每次都固定，就不會影響到占卜結果，所以只要用最好記的方式放牌就好了。

在上一個例子中，最直覺式的放牌順序就是照著問號的筆劃放牌，所以可以得到以下的順序。

5.為牌陣命名

辛辛苦苦設計出一個好牌陣，別忘了為你的大作取個名字。在上一個例子中，你可以用最直觀的功能命名法，叫「尋找失物牌陣」；也可以用牌陣的形狀命名，叫「問號牌陣」；甚至用你的名字來命名，也是可以。

自創牌陣是不是很簡單呢？開始動動腦吧！

◎「與牌對話」無牌陣

當你對牌義掌握精熟，也培養一定的直覺力之後，你就有能力一看到牌就立刻知道它在表達什麼。這時候，你可以不使用牌陣，而邁入「與牌對話」無牌陣的階段。

你只要問問題，抽一張牌，得到答案。再問下一個問題，抽一張牌，得到答案。如此進行，你將得到一些洞見。訣竅是要把心放空，接收塔羅牌第一眼給你的寶貴訊息，不要用你背過的牌義或主觀來影響判斷。在進行一陣子之後，你將發現，其實與其說是與牌對話，不如說是與自己的內心對話，因為牌所呈現的，往往是你內心早已知道，卻不敢承認的。

提供讀者一個牌例。最近Ａ君跟Ｂ君同時追求某女，某女於是進行了如下的與牌對話：

問：Ａ君跟Ｂ君同時追求我，我的態度如何？
答：聖杯九（心裡其實很爽，滿想炫燿的）
問：Ａ君是個什麼樣的人呢？
答：聖杯三（整天與朋友出去吃喝玩樂的人）
問：那Ｂ君是個什麼樣的人呢？
答：隱士（孤高之人，孤芳自賞）
問：我如果接受Ａ君，會有什麼發展？
答：寶劍九（夜夜惡夢）
問：我如果接受Ｂ君，會有什麼發展？
答：寶劍二（不太喜歡他，覺得自己瞎了眼）
問：如果我兩個都不選擇呢？
答：錢幣六（他們兩個還是會繼續向我乞憐）
問：塔羅牌給我的建議是？
答：寶劍王后（慧劍斬情絲吧）

使用「與牌對話」無牌陣時，也有一些要注意的事項。第一，如果你遇到某張牌解不出來，就不要反覆地問，最好就此打住，記錄下來，改天再看。

因為繼續問下去通常只會讓你感到更疑惑而已，而且，再三反覆問類似的問題也不是正確的心態，會導致不準確的結果。最重要的是，與牌對話很重視第一眼的直覺感應以及對話的流暢度。如果你還要停下來想很久，效果就不怎麼好了。第二，有時候問上癮了，停不下來，連一些雞毛蒜皮鑽牛角尖的事，全都問。這也是應該避免的。第三，避免在心情混亂時進行，否則抽到的牌通常會反映出你強烈的情緒，有些人因此抽到很多壞牌，就以為塔羅牌「生氣」了，這更是不必要的錯誤觀念。第四，進行「與牌對話」時，有時牌面呈現的不是主流牌義，而是「表面牌義」。

什麼是「表面牌義」呢？我們都知道有些成語會有「字面意義」和「真正的意義」，塔羅牌也是。例如戰車牌的真正意義是追求勝利，而表面牌義就如圖面上所顯示的坐車、開車、坐輪椅。再例如，寶劍三的共通牌義是悲傷，但是三把劍插入心的圖像，也可以代表打針、刀傷、心臟病，這就是圖面所顯示的表面牌義。因此，在進行「與牌對話」時，不必運用過多理智來解牌，請儘量放鬆，讓直覺來運作，會得到意想不到的收穫。即使表面看起來不合一般牌義邏輯，只要你第一時間有那種感覺，就對了。

3

個人化的外掛程式

有人只是依照塔羅牌的圖像來解牌，有人會加入其他「外掛程式」來提升對塔羅認識的深度與廣度。最普遍的外掛程式就是四要素、占星學和靈數學了，大部分版本的牌在設計時就把這些要素融合進去，甚至直接把符號寫在牌上。所以，要認識塔羅牌，經常需要研究四要素、占星學和靈數學，就是這個道理。除此之外，易經、聖經故事、希伯來文、卡巴拉、煉金數、音符、礦石、植物、動物、顏色、神話人物等，也是常被採用的外掛程式。

塔羅牌的個人化風格是非常吸引人的一部分。你可以自由選擇外掛程式，讓牌義庫更加壯大，也讓你在解牌時能從另一個角度思考。第三章已經介紹了大牌與占星的對應，以及小牌與四要素的對應。雖然已經有了對應的系統，但運用的方法非常多，此章節提供一些運用上的點子，以期拋磚引玉，讓學習者能夠自闢蹊徑。

◎大牌與占星

* 運用大牌與星座的對應，可以占算時間問題（詳見第五章）。
* 運用星座之間的刑衝會合角度，來判斷牌陣的吉凶。適合對占星已經有基礎的學習者。
* 運用星座來理解牌義。例如，隱士對應處女座，你可以將處女座的性格套用在隱士上面。

◎大牌與希臘人物

* 運用希臘人物來理解牌義。

例如,魔術師是赫密士,請詳讀赫密士的故事,知道他的性格,就會對
魔術師更加了解。

* 運用人物在故事中的處境來解牌。

例如,如果你將皇帝對應到宙斯,在為 A 君進行有關外遇的占卜時,出
現皇帝牌代表 A 君,你就可以判斷 A 君的妻子醋勁很強。因為宙斯的妻
子就是如此。

◎小牌與四要素

四要素之間的火風屬陽性牌組,水土屬陰性牌組,因而產生交互作用。這
是相當重要的外掛程式,規則雖簡單,應用方式無窮。

* 同類牌組出現時,情況改善。

火風或水土互為同類牌組。如果權杖和寶劍,或者聖杯和錢幣同時出現
時,讓壞情況改善,好情況更好。

* 異類牌組出現時,情況變壞。

火水異類、風土異類。同時出現時,好情況變得沒那麼好,壞情況變得
更糟。這是解牌的重心。

* 其他牌組出現時,情況不變好也不變壞,但是性質加強。

當火土、風水或兩張相同牌組的牌同時出現時,不會影響情況的好壞,
但會加強性質。例如,使用三張牌的牌陣時,三張都是火要素的牌,代
表這個問題有很強的火性質,行動、猛烈、活潑,這樣激烈的情勢可能
使得問卜者無法掌控。

* 沒有出現的要素,代表缺乏的性質。

例如,當一個牌陣沒有出現土要素,可能表示缺乏金錢、現實感、持久
度等。

◎宮廷牌與星座

十六張宮廷牌中，有十二張可以對應到十二星座。可運用這個原理來豐富
牌義和解牌方向。

* **以星座占算時間問題。**

  例如，權杖王后對應牡羊座，占問時間問題時，就代表牡羊座的時間內
  會發生。

* **以星座理解宮廷牌的人物性格。**

* **以星座判斷宮廷牌人物之間的相處狀況。**

  例如，牌陣中顯示問卜者是錢幣王后，對應魔羯座，對方是權杖國王，
  對應獅子座。魔羯座和獅子座都想掌握領導權，所以相處恐怕不太和
  睦。

外掛程式的運用非常靈活，以上提供的只是一些可以使用的方向，但絕對
不是硬性規定。你也可以自創外掛程式，只要對應得好，用得習慣，塔羅
牌自然會照著你所設定的程式來運作。你可以對應到武俠小說人物、中國
歷史人物、童話故事、音樂、名畫、花朵、球員。對應到越能讓你感到親
近熟悉的東西，你就能用你自己的方式理解塔羅牌，在解牌時也會更有感
覺。

有一點必須注意，外掛程式視同個人牌義，所以不能以自己的外掛程式來
解他人的牌。因為當別人占卜時，塔羅牌只會以他個人的外掛程式來呈
現，不是你的。因此，除非你跟他使用相同的外掛，或是他來請求你為他
面占，否則無法共通。

更多常見的塔羅牌對應系統，請見附錄。

解牌風格─學理 vs. 直覺

塔羅牌占卜，每個人解牌風格不同。粗略來說，可以分為學理派與直覺派。沒有優劣之分，因為兩者殊途同歸。

學理派的人通常由書籍入手，下很大的功夫來研究塔羅牌的象徵意義、理論背景、對應系統。解牌時，運用理智來分析。優點是對塔羅牌的心態正確，也有健全的理論架構，而且解牌像在解題，比較不容易累，不容易受到身心狀況影響解牌準確度。缺點則是中規中矩，無法跳脫主流牌義的範圍。遇到模稜兩可的狀況時，無法運用直覺判斷。

直覺派的人看到圖面就很有感覺。他不用唸什麼書，也不必懂什麼理論，只要拿到一副牌，就可以開始算。優點是即使解牌沒什麼邏輯可言，他的直覺力也能讓結果神準。缺點是對塔羅牌的心態可能偏向靈異，解牌準確度高度依賴身心狀況，靈感來時百發百中，靈感沒有時失誤連連，不僅想很久想不出來，還很容易累。

通常，慣用邏輯分析，不慣用直覺力的人，從學理來入門會是比較適合的方式。不喜歡唸很多理論，直覺力很強的人，則建議從直覺派方式來入門。學理派的可以在對知識和解牌有一定基礎之後，開始練習深入冥想法，以開發直覺，甚至在經過大量的占卜之後，直覺力也會自動變得越來越強，因為塔羅牌本來就是開發直覺的好工具。另一方面，直覺派的也可

以在遇到瓶頸時，適時補充學理，不僅可以看到盲點，也能讓自己的占卜水準更趨穩定。

其實，無論是學理派還是直覺派，發展到最後，學理派也能接收到直覺，直覺派在獲得學理補充知識後，也能更上一層樓。最理想的方式，是兩者兼備，才能成為最頂尖的大師。

塔羅道德經

你功力越見精進之後，上門求占的親朋好友會越來越多，你會體會到助人為快樂之本的道理，但責任也會越形沉重。他們通常都是在遇到難解的問題之後，才登門請求解惑，而你占卜的結果，往往會影響他們未來的決定。如果你言語不慎，讓他們的人生出了差錯，這就是犯了口業，不可不慎。以下是幾點最基本的占卜道德，如果你替人占卜，無論收費與否，都應該徹底遵守。

◎不要替問卜者做決定

問卜者經常是因為遇到人生抉擇而登門求教。你的任務是要幫他分析事實，找出不同抉擇之間的優劣，給予建議，但是不要直接叫他選甲或選乙。因為每個的人生都應該由他的自由意志來決定，即使他想選擇一般人覺得不好的那條路，那也是他的決定，應該要讓他選擇自己想走的人生。畢竟，誰能保證你以為比較好的那條路真的適合他？

◎不要給予負面暗示

有些人認為「命越算越薄」，很有可能是受了不道德的占卜師影響。如果牌陣中顯示情況不佳，也絕不能說「一定沒望了啦！」、「你就是註定考不上大學！」、「你這輩子娶不到老婆了！」、「你明年的運勢很慘，沒救了！」之類的負面暗示。心理學提到「自我實現預言」，意思是人們在得到暗示並聽信時，往往不知不覺就朝著暗示的方向做，最後暗示果然成

真。事實上，並不是暗示準確，而是人們接受暗示而自我實現。同樣的道理，如果你給予問卜者負面暗示，他聽了如果感到心灰意冷，悲觀沮喪，從此放棄，最後果然實現你的暗示，你就害慘了他。

正確的方式是無論牌陣情況多糟，也要分析狀況，並找出一個最好的對策。關於未來可能出現不好的結果，你可以婉轉說出，但也要告知他：「這只是照目前的狀況不加改變所得到的結果，不是註定的。如果你採取不同行動，結果可能就不同了」。而你的任務就是要幫他找出那個最好的對策。

值得注意的是，如果牌陣中顯示的是非常光明的未來，你也不要說：「絕對沒問題的，你回家什麼都不用做，也會成功。」萬一問卜者聽了滿心歡喜，從此回家不讀書，這種占卜也等於害了他。你應該說：「照你目前的準備狀況看來，希望很大，回家之後繼續努力，就沒有問題了。」

舉個真實的例子，某甲跟女友分手之後，非常後悔，一心一意想要復合，而女友似乎也有意。占卜結果得到太陽，占卜師跟他說：「一定成！」某甲聽了很高興，立刻開始想像復合之後的情況，又想到從前的問題可能會重演，他就開始猶豫，最後覺得復合未必比較好，就中斷了此事。其實，如果某甲維持占卜前強烈想要復合的心意，並持續採取行動，結果就會如太陽牌預言的復合成功。但是，這次占卜結果卻讓某甲改變心意，採取不同的行動，結果就大逆轉。

因此，每一次的占卜都等於為問卜者的心態和行動投下一個變數，必須慎之又慎！

◎解不出來要老實說

有些人害怕丟臉，解不出來也硬要瞎掰，問卜者可能因此聽了錯誤的建議，而採取錯誤的行動，真是害人不淺。當解不出來時，你可以說：「這個部分我要回去想一想，或者幫你去問人。」甚至還可以問他：「這張牌我解不太出來，你有什麼感覺嗎？」有時候問卜者會提供一些很寶貴的見解。

自知功力不夠時，你也可以在占卜前先老實說自己還在學習階段，如果他還願意讓你占卜，那麼你就可以大膽下手，即使碰到不懂的，也不會丟臉了。

◎不要把占卜內容告訴別人

問卜者在占卜過程中，常常會把個人隱私透露出來，但是，除非問卜者同意，否則你絕對不能說出去。這是最基本的占卜道德。

◎不要戲卜

如果明知登門求教的人只是想玩玩，想測試準度，問一些雞毛蒜皮的小事，甚至是玩笑的問題，就不要幫他占卜了。這樣的占卜沒有意義，對雙方都沒有好處。

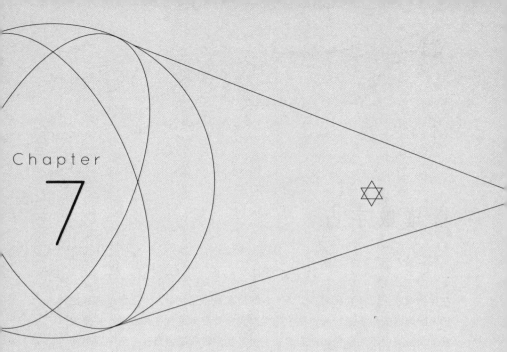

Chapter

7

我 的 塔 羅 ──
心 得 分 享

本章為12周年紀念版增訂內容,從實用
的選牌指南,到我研究塔羅心得分享,
希望這些內容能讓你的塔羅學習之路有
更多收穫。

塔羅數字占

在接到編輯來電找我寫增訂文時，我渾然未覺時光荏苒，十二年就這樣過了。回顧過去這十二年的變化，如果問我還有沒有經常在算塔羅，我會說我上次碰牌已不知是幾年前的事了，但是我確實偶爾還有在生活中運用塔羅牌——以一種完全不需碰牌的方式。

這個方法我稱它「塔羅數字占」。這是我的朋友清風（劉冠良）所發明的。他現在是位圈內知名的靈性老師，不過他發明這個方法時還是個大學生呢。謝謝他同意我在這篇文章中分享這個方法。

塔羅數字占的原理相當簡單。塔羅牌有七十八張，我們將這七十八張牌依大牌、權杖牌組、聖杯牌組、寶劍牌組和錢幣牌組的順序，將每張牌各自分配一個數字，如下所示：

1-21：魔術師到世界。

22：愚人

23-36：權杖一至十、侍者、騎士、王后、國王

37-50：聖杯一至十、侍者、騎士、王后、國王

51-64：寶劍一至十、侍者、騎士、王后、國王

65-78：錢幣一至十、侍者、騎士、王后、國王

占卜時你無需有牌在身邊，只需要亂數取得一個三位數，然後將這三位數除以七十八之後得到的餘數，就可算出相對應的牌。

例如，某甲欲知下個月去澳洲旅遊是不是個好主意。他手邊沒有牌，於是他翻書得到254這個頁碼。254÷78餘數為20，對應到大牌第二十號——審判，等於他抽到審判牌，可依據審判的牌義開始解讀了。」

再舉第二個例子。某乙想占算等一下跟女朋友提分手適不適合，但是他正在開車，不方便抽牌。此時他剛好看到前方車牌是111這三個數字，他便以111來做塔羅數字占。

111-78＝餘數33
33減去大牌：33-22＝11

11對應到權杖牌組的第十一張牌：權杖侍者。等於某乙抽到權杖侍者。

再例如，某丙的朋友吵著要某丙算她是不是該辭職，某丙卻沒有帶牌，於是某丙請朋友隨意想三個數字，朋友說：「三百八十二。」

某乙拿出手機計算機算出382-78-78-78-78＝餘數70。
70先減去大牌22張：70-22＝48
再減去權杖牌組：48-14＝34
再減去聖杯牌組：34-14＝20
再減去寶劍牌組：20-14＝6
如此占算出錢幣六。相當於朋友抽出錢幣六這張牌。

塔羅數字占原本是進階者才方便使用的方法，因為大多數初學者還無法記憶七十八張牌的圖像，就算知道自己算出錢幣六，他也未必想得起錢幣六長什麼樣子，遑論解讀了。幸好，現在手機跟無線上網好發達，只需要上網Google一下錢幣六，立刻就能取得圖像和說明，豈不是很方便嗎？

接下來我們談談亂數取得的方法。上面三個例子中，我們有用翻書籍頁碼、心中隨意挑數字和看車牌三種方法，不過其實方法有無限多種。乍看之下從心中默想出三個數字最簡單，但是我發現如果太常用這個方法，腦子不知為何想到的經常是相同的數字，就造成不準確的結果。所以，我比較建議用不會受到自身主觀干擾的方法。翻書是最簡易的，而若是身邊沒有書頁可以翻時，我會在心中默想三個國字，再依據筆畫轉換成三個數字。

例如，我想到「小蕃茄」這三個字，小是三劃，蕃十六劃取尾數六，茄有九劃，就得到369這組數字。我就能用369這組數字來換算出對應的塔羅牌。

塔羅數字占在剛開始運用時，也許需要熟悉一下，不過當你熟悉之後，換算速度就會變得非常快，十分方便。

再談談每張牌的對應順序好了。以上我提供的方法是大牌、權杖、聖杯、寶劍、錢幣這樣的順序，小牌牌組又是由Ace漸增排到國王。如果你發現自己使用的牌的排列順序並非依照大牌、權杖、聖杯、寶劍、錢幣這樣的順序排列，或者小牌牌組的排列順序是從國王排回Ace，或者大牌中正義和力量的位置是相反的，是不是代表就不適用這個方法呢？
答案是：還是可以適用。

你只需要選擇強制用你目前使用的牌的順序排列，還是一律依照本文提供的順序排列。決定好一種，就貫徹始終用同一種。不必去探討哪種對應方法才是正確，因為這沒有正確答案。牌組對應只不過是取得亂數的過程，各人可以有各人的取法。你只需要挑選你覺得好記的，把方法確定下來，它自然會依照你的設定來運作。

初 學 者 選 牌 指 南

塔羅牌有千百種版本，如何在茫茫牌海中選擇最適合自己的一副是初學者最感頭痛的課題。我想在這裡提供幾點準則：

選擇普及的牌

在學習塔羅牌的過程中，有同好一起研究切磋可以事半功倍。而塔羅牌首重圖像，圖像不同，解釋也不同；因此版本相異，解釋也隨之不同。比方說，目前全世界最通行的兩大塔羅牌首推「萊德·偉特牌（Rider-Waite Tarot）」，其次是「克勞利·托特牌（Crowly Thoth Tarot）」（又名「直覺式塔羅牌）」，教授這兩副牌的書籍、網站、學校最多，資源也最多，使用者也不愁沒人問。由於塔羅牌的牌義會依據圖像而產生變化，如果您使用的不是這兩副牌，在學習資源的尋求上恐怕就要費心一點了。

選擇塔羅大師設計的牌

塔羅牌的設計極為精密。牌上任何一個圖像、顏色、版面配置都有它的象徵意義，馬虎不得。因此只有研究塔羅多年的大師才有資格設計塔羅牌，設計出來的牌才優秀，而不是隨便一個漫畫家就有資格設計塔羅牌。另外提供一個小訣竅：一個有品質保證的塔羅牌，每張牌上都可以找到繪製者的簽名，這代表他對作品的負責，可作為選擇時的參考。

選擇不需要背景知識的牌

塔羅牌畢竟是西方的產物，有許多版本需要具有西方神秘學或是神話的背景知識，才能使用。最值得深掘的大概首推「克勞利‧托特牌」了，這副牌的設計者是一位西方神秘學大師，他將占星學、數字學，甚至中國的易經，都融入塔羅牌中。因此若要將托特牌的功力全都發揮出來，使用者非得同時具有占星學、卡巴拉數字學和易經等神秘學知識不可。懂得這些背景知識的朋友，可以將托特牌的威力發揮到最大，但初學者在背景知識尚未建立前，使用這副牌較易受挫。

選擇有具體圖案的小牌

有些塔羅牌的小牌圖案像撲克牌一樣，聖杯一就是一個杯子，聖杯二就是兩個，此外沒有具體的圖案。你能想像面對一副撲克牌來解牌嗎？可想而知，小牌如果能融合具體圖案，呈現出故事，會大大易於聯想記憶，也較能激發直覺。這對初學者來說，是超級有幫助的。

選擇自己喜歡的牌

這一點其實相當重要。塔羅牌很重直覺，使用令自己靈感泉湧的牌，即可如虎添翼。對初學者而言，如果能找到既適合又有感覺的牌，當然最好，但世事經常不能如願，此時該如何取捨呢？舉個例來說，如果一名初學者對克勞力托特牌很有感覺，但是他身邊沒有人會使用托特牌，遍尋網站也找不到資訊，更別說找老師了，再者，偉特牌與托特牌系統不同，他也不能完全將偉特的牌義套用在托特上面，自己研究的話，托特圖上的抽象概念又不是看了就能懂的，如此豈不糟糕？此時還是建議初學者，先學一副容易上手的牌，因為學一副牌同時也能學到「如何學塔羅牌」，懂了塔羅牌的基本架構，知道該如何入手以後，再去選用自己有感覺的牌，會是比較輕鬆的辦法。

選擇品質好的牌

國外進口的牌基本上都有品質保證的。事實上，塔羅牌的排列順序也是一門重大的學問。不同版本的牌，排列順序隨之相異，而其中大有學問，並非毫無意義的亂排。所以，新牌在拆封時，建議使用者觀察一下它的順序，是大牌在前面還是小牌？宮廷牌放在哪裡？各牌組間的順序又是如何？一副品質好的塔羅牌，是絕對不會將牌亂數排列的，而國外出版的牌在這一點絕對不會馬虎。再者，國外的牌通常印刷技術精良，紙質也好（尤其是比利時印刷技術世界第一），買到一副質感優良的牌，可以使用相當長久的一段時間，即使比較貴，也是值得。

以上的六點建議提供給初學者挑選比較容易學習的入門牌。等到有了一副牌的學習經驗之後，就有能力自修其他牌種，進展到進階玩家的階段。對於進階玩家的牌種選擇，最高指導原則就是「選擇自己喜歡的牌」了。

根據以上的準則，讀者應該不難猜出，最適合初學者的塔羅牌是哪一副了。沒錯，正是「**萊德‧偉特牌（Rider Waite Tarot）**」。本書中呈現的牌圖皆使用此牌。這是在一九一〇年由英國神秘學家A.E.偉特（Arthur Edward Waite）所設計，由萊德（Rider）公司出品的塔羅牌，玩家通常簡稱「偉特牌」。

偉特牌自從出版之後，就成為全世界最風行的塔羅牌，因為在那之前的塔羅牌小牌幾乎都是像撲克牌一樣簡單抽象的圖形。A.E.偉特將每一張小牌賦予更豐富具體的圖像故事，讓學習者可以立即聯想牌義，算是一大創舉。偉特牌易於上手的特性，使其成為幾乎是所有初學者都會先接觸的第一副牌。

其後，偉特牌出現了不同版本，基本上就是以偉特牌為基礎，讓不同畫家來上色，呈現不同畫風。常見有以下幾款：

「**普及版偉特牌（Universal Waite Tarot）**」算是其中最受歡迎者，此牌呈現粉彩溫柔的色澤，十分討喜。

「**粉彩偉特牌（Radiant Rider-Waite Tarot）**」色澤明亮豐潤，更有立體感，也吸引到廣大愛好者。

「**阿爾巴諾偉特牌（Albano Waite Tarot）**」則是走華麗搶眼的路線，色彩極為明亮飽滿，幾乎可以用迷幻系來形容。不像「粉彩偉特牌」試圖創造出立體陰影，此牌完全是2D。

假如以上都還不是你的菜，何不嘗試歐系牌？義大利聖甲蟲公司出品的「**萊德・偉特塔羅牌（RWS Tarot）**」呈現復古藝術的歐式質感，別有品味。如果你喜歡更朝復古風靠攏，「**原始版偉特塔羅牌（Original Rider Waite Tarot）**」是個好選擇，此牌畫風帶著微微的舊褐色，刻意調低飽滿度，營造當年初版的印刷風格。此外，「**萊德偉特塔羅牌百週年版（Smith-Waite Centennial Tarot）**」也是不能錯過的牌種，此牌饒富紀念價值，除了畫風仿照初版原貌之外，另外多附了六張畫家Pamela Colman Smith女士的非塔羅畫作，增加收藏價值。

除了上述偉特家族之外，義大利聖甲蟲公司最新出品的「**黃金通用偉特塔羅牌（Golden Universal Tarot）**」為偉特牌鍍金，高貴華麗的質感，一出品就成了塔羅玩家及收藏家的當紅炸子雞。當然，凡是鍍金，價位必高，就看個人的購買預算了。

歐系還有一副「**通用偉特牌（Universal Tarot）**」，線條雖不完全與偉特牌相符，但構圖大抵相同，牌義堪可套用。如果你想從偉特牌入手，卻沒有特別喜歡傳統偉特的線條的話，也許可以嘗試這個義大利式的選擇。

如果喜歡3D畫風，一定不能錯過「**圖像關鍵偉特牌（Pictorial Key Tarot）**」，這副牌的畫風簡直就像3D動畫片，一直以來都有穩定的銷售量。至於偉特家族中最妙的大概是「**透明偉特塔羅牌（Universal Transparent Tarot）**」了。這副牌是透明的，類似拼圖式，可將數張牌拼成馬賽克圖案，不過因為使用方法較為創新，並不是那麼推薦給初學者。

假如到這裡你心裡還是有個聲音：「我就是不要跟別人一樣用偉特牌。」那麼，你可以去找找與偉特牌類似的牌種。因為偉特牌的影響力如此巨大，所以市面上可以找到許多主題不同但是構圖類似的牌種。

「**摩根吉爾塔羅牌（Morgan Greer Tarot）**」基本上就是偉特牌的特寫放大版本，看起來跟偉特牌的感覺就大大不同了。

「**漢生羅伯特牌（Hanson Roberts Tarot）**」的繪者就是世界馳名的「普及偉特牌」的繪者，在漢生羅伯特牌中她以偉特牌為基礎，重新創造了一副嶄新的牌。

「**非洲人塔羅牌（African Tarot）**」是偉特構圖的非洲原住民童趣版，裝在撲克牌大的瓦稜紙盒中，相當可愛。

「**圓形修道院塔羅牌（Tarot of the Cloisters）**」是以偉特牌為基礎所創造出的修道院玻璃畫風塔羅牌，獨特的圓形牌，，。

「**俄羅斯塔羅牌（Russian Tarot of Saint Petersburg）**」是黑底金線的俄羅斯主題塔羅牌，富含神祕藝術感。

「**白貓塔羅牌（Tarot of the White Cats）**」跟偉特牌大抵相通，唯一不同是裡頭的人物換成白貓。

「**藥草塔羅牌（Herbal Tarot）**」是以偉特牌為基礎，再位每張牌加入一種藥草的元素。如果要完全發揮出這副牌的意義，需要研讀一些資料，不過相當適合對植物有興趣者。

「**萬聖節塔羅牌（Halloween Tarot）**」乍看之下與偉特牌相差太遠，不過其實它的確是偉特系統，只不過把四個牌組換成小鬼、幽靈、蝙蝠和南瓜，裡頭的人物換成狼人、科學怪人、吸血鬼等，饒富黑色趣味。

學塔羅的目的是放下

上文分享了塔羅數字占和初學者選牌法,其實我在增訂版中最想分享的還是正確的占卜態度。

在我初學塔羅牌時,求知若渴,尋遍典籍,想要通透每張牌最深層的神秘學含意,想要學會很炫的大型牌陣,想要成為塔羅牌專家,獲得神算的功力。

那一陣子我凡事都要算塔羅。隨身攜帶著口袋版偉特塔羅牌,無論是自己或別人遇到疑難雜症,牌掏出來馬上算一算。
直到某一天,我再也不這麼做了。

那一天我記得很清楚。我的朋友告訴我,他認識一個女生在上過靈氣最高階課程之後,內在視野突然開了,可以用靈視力跟天使溝通。

我那時候第一個反應是:「這什麼東西啊?」覺得他有點「肖仔」。
但是我朋友堅決要拉我過去看看那個女生,於是我帶著一瓶花精當伴手禮,到了那個女生剛開的工作室。

我帶的這瓶花精叫做「拉斐爾天使」，心想既然她可以跟天使溝通，帶這瓶應該很應景。到了現場，那女孩子在完全不知道這瓶花精是什麼的情況下，眼睛閉著用手握持，居然就能感應出這瓶花精有拉斐爾的能量，還說有百分之五的耶穌能量。（過了數年我才從花精廠商處得知他們在製造時確實有祈請所有花精沐浴在耶穌無條件之愛中，因此女生的感應是千真萬確！）

接著我朋友代我詢問一些生活上的疑難雜症，算是對女生的考驗。她所說出來的準確度，令我徹底驚呆了，簡直是把我內心最深處黑暗祕密都挖出來。因為我平常掩飾得太好，我所有朋友在旁邊聽到都奇道：「向日葵有這樣嗎？向日葵有這樣嗎？」只有我知道，她說中了我內心最深處。

那是一場全然顛覆的體驗。從此以後，我看事情的角度再也不一樣了。我因此體認到兩件事：第一，無論我汲取了多少塔羅牌知識，如果不懂得傾聽直覺，算出來的永遠不會如一個好靈媒那樣精準。第二，未來隨時隨地在改變。在靈媒所預見的未來中，只要投下一個不同的變數，他看到的未來就會改變。而其實要改變未來遠比我們想像的簡單，當事人的一個思維變了，未來就會不同了。

既然如此，算牌還有什麼意義？

我仍然當塔羅牌是一個很好的參考工具，因為它可以讓我們瞥一眼未來的可能性。然而，經過此事我也慢慢發現，無論怎麼算，最根本清源之道，還是修練自己的心。

無論遇到什麼境況，抱著愛與正面思考來行動，永遠不會錯。
無論遇到什麼絕境，相信生命自有完美的安排，所有的轉變都是為了迎接更美好的未來。

外在世界都只是反映內心世界的一面鏡子，心想確實能成真，多多練習顯化，你就能在生活中吸引到所有想要的事物。

但是，最重要的還是順流。即使表面上暫時不如己意，要知道這是因為有更高更好的安排，即使表面上暫時還看不出來。

懷著這樣的信念，你會發覺自己再也不需要塔羅牌了。你將只把算命占卜當成參考的工具，但再也不會把算出來的結果當成必然了。你再也不會執著一定要算出好結果，因為你明白世間沒有所謂的好與壞，只有用什麼角度看待而已。

的確，我很少很少算塔羅牌了。我發覺，修心遠比算牌更棒。

塔羅牌的準確度

這就是我想說的：「牌會算錯，修心永遠不會錯。」

什麼時候牌會算錯呢？除了不誠心的戲卜、重複占卜同一件事、占問與你不相干的問題或占算雞毛蒜皮小事之外，當一個人對某件事特別執著時，他的執著也會影響到牌面的呈現。

我有位朋友一心想跟某個女生在一起。他算了好幾次塔羅牌都是好結果，去龍山寺和行天宮抽到不只一次上上籤，花大錢去找人人都推薦的靈媒，靈媒也說她看見他們將在一起。這所有的答案都指到同一個方向，但是他與那個女孩子最終卻沒有在一起。

像這樣的情況，你也許會灰心地問：「塔羅牌為什麼不準？」是他的過度執著影響到結果嗎？

真相是：世界是沒有一種占卜是完全準確的。

正如世界上沒有一個醫師能醫好所有人，世界上沒有一個占卜師能保證自己永遠不出錯。

我甚至聽過一位塔羅老師說：「只要占卜準確度有七成，就是職業等級了。」這實在很嚇人。如果撤除心理學上的「巴南效應」，得到七成準度，其實跟矇的沒兩樣。（「巴南效應」即占卜師提供一個籠統能套用在大眾身上的說法，人們會不由自主找到相符之處往自己身上套，因而即使

占卜結果是胡說一通，人們也會覺得很準）」，所以，到後來，當然也是我在經過這十一年的人生歷練，學會提昇自己的心靈之後，我學會傾聽自己內心的聲音。這比什麼占卜都可信。

我所謂的內心聲音並不是出於小我的恐懼的「我一定會輸」、「我恨死他了」、「我想要偷懶啦」這種聲音。我說的是一種鼓舞的、激勵的、安撫的、充滿愛的，讓你整個靈魂都在喜悅得發抖的來自內心深處的聲音。

做決定時，你下次試著閉上眼睛靜下來，做幾個深呼吸，在五分鐘之內，你的腦袋可以進入一種清明、放鬆而專注的狀態。此時大聲問自己：「我做這個選擇是最高最好的嗎？」然後放空，不要試圖控制你的思緒，感覺看看浮上來的念頭是什麼，以及你的情緒是什麼。

你也許會感覺到這好像是腦海中的自問自答，沒有錯，差別在於這樣的答覆會是來自更高層面、更有智慧的答覆。多練習幾次，你應該可以抓到那種感覺。

塔羅牌的意義

行筆至此，請讀者千萬不要以為我在說塔羅占卜沒有價值。

雖然我自己已經很少用塔羅牌了，不過，我仍然在銷售塔羅牌，並提供場地讓我熟識的塔羅牌老師開課。這是因為我明白塔羅牌對許多人還是很有幫助。

許多社工、輔導老師和諮商師告訴我們，他們在那裡苦口婆心勸半天，對個案的影響力還不如塔羅師說的一句話。

許多塔友也表示，當他們拿出塔羅牌，人們都會好奇地圍過來。他們不但因此成為朋友之間求助的對象，即使是原本害羞的人，人際關係也因此打開了。塔羅牌豐富美麗的圖像，深入淺出的哲理，真是開啟話題的絕妙方法啊。

塔羅牌依然是很棒的占卜工具，是諮商師的利器，能幫助你獲得好人緣——如果你能提供精闢正向的解讀的話。

如果你本身已經踏上修行之路，塔羅牌可以當作你的鏡子，做為修行的工具。每日一牌，助你內觀心靈，學習牌中智慧。當然，也許此時你比較不會受到塔羅牌的吸引，而更有可能轉往奧修禪卡、正念卡或天使占卜卡的領域了。

無論如何，牌卡都是一種工具。只要你願意，你可以用這個工具服務無數的人。

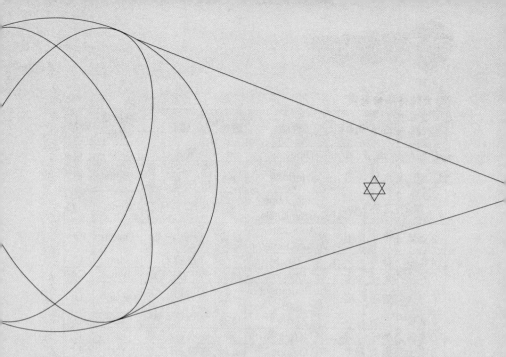

附 錄 ————————

◎大牌外掛參考表

大牌	占星	四要素	神話	顏色	礦石	希伯來字母	音符
0愚人	風	風	Dionysus	米	電氣石	Aleph	E
1魔術師	水星	風	Hermes	黃	虎睛石/火蛋白石/黃水晶	Beth	E
2女祭司	月亮	水	Persephone / Artemis/Isis	藍	珍珠/月長石	Gimel	G#
3皇后	金星	土	Aphrodite/ Venus/Demeter	翠綠	翡翠/粉晶	Daleth	F#
4皇帝	牡羊	火	Zeus	深紅	紅寶石	Heh	C
5教宗	金牛	土	Chiron	橘紅	黃玉/紅玉髓	Vau	C#
6戀人	雙子	風	The Judgment of Paris	橘	瑪瑙	Zain	D
7戰車	巨蟹	水	Ares	橘黃	琥珀/玉髓	Cheth	D
8力量	獅子	火	Hercules	黃	貓眼石/玉髓	Teth	E
9隱士	處女	土	Cronus	黃綠	橄欖石/血玉	Yod	F
10 命運之輪	木星	水	The Fates	紫	藍寶石/紫寶石	Kaph	A#
11正義	天秤	風	Athena	翠綠	翡翠/玉	Lamed	F#
12吊人	水/海王星	水	Prometheus	深藍	藍晶	Mem	G#
13死神	天蠍	水	Hades	藍綠	菊石/血玉	Nun	G
14節制	射手	火	Iris	藍	紅鋯/紫水晶	Samekh	G#
15惡魔	魔羯	土	Pan	靛	黑玉/黑曜石	Ayin	A
16塔	火星	火	Minotaur	深紅	紅鋯石/紫水晶	Peh	C
17星星	水瓶	風	Pandora's box	紫	綠松石/水晶	Tzaddi	A#
18月亮	雙魚	水	Artemis	紫紅	乳蛋白石/月長石/珍珠	Qoph	B
19太陽	太陽	火	Apollo	橘	鑽石/雞血石	Resh	D
20審判	火要素	火/水	Hermes	紅	火蛋白石/孔雀石	Shin	C
21世界	土星	土/風	Hermaphroditus	藍紫	黑珍珠/彩紋瑪瑙	Tau	A

註：此表格主要源自Golden Dawn系統，後由Aleister Corwley, A.E.Waite,
Paul Foster Case等人陸續發展，同時參考現代塔羅家的主流對應。僅供參
考，請讀者發展出自己的對應系統。

◎宮廷牌對應表

宮廷牌	四要素	星座
權杖國王	系統一：火之火 系統二：火之土	獅子
權杖王后	系統一：火之火 系統二：火之水	牡羊
權杖騎士	系統一：火之風 系統二：火之火	射手
權杖侍者	系統一：火之土 系統二：火之風	無
聖杯國王	系統一：水之火 系統二：水之土	天蠍
聖杯王后	系統一：水之水 系統二：水之水	巨蟹
聖杯騎士	系統一：水之風 系統二：水之火	雙魚
聖杯侍者	系統一：水之土 系統二：水之風	無
寶劍國王	系統一：風之火 系統二：風之土	水瓶
寶劍王后	系統一：風之水 系統二：風之水	天秤
寶劍騎士	系統一：風之風 系統二：風之火	雙子
寶劍侍者	系統一：風之土 系統二：風之風	無
錢幣國王	系統一：土之火 系統二：土之土	金牛
錢幣王后	系統一：土之水 系統二：土之水	魔羯
錢幣騎士	系統一：土之風 系統二：土之火	處女
錢幣侍者	系統一：土之土 系統二：土之風	無

◎四要素對應表

	牌組	陰陽	星座	季節	方位	天使	神話種族
火	權杖	陽中之陽	牡羊 獅子 射手	春	巫術系統：南 星座系統：東	Michael	精靈 火精靈
水	聖杯	陰中之陰	天蠍 巨蟹 雙魚	夏	巫術系統：西 星座系統：北	Gabriel	人魚 海妖 仙女 水精靈
風	寶劍	陽中之陰	水瓶 天秤 雙子	秋	巫術系統：東 星座系統：西	Raphael	風精靈 天使
土	錢幣	陰中之陽	金牛 處女 魔羯	冬	巫術系統：北 星座系統：南	Uriel	矮人 侏儒 地精

參考書目

★ Arrien, Angeles. The Tarot Handbook: Practical Applications of Ancient Visual Symbols. Arcus Publishing Co., 1987.

★ Banzhaf, Hajo. Tarot and the Journey of the Hero. Samuel Weiser, 1997.

★ Crowley, Aleister. The Book of Thoth. Stamford, Conn.: U.S. Games Systems, 1984.

★ Gray, Eden. The Complete Guide to the Tarot. Crown. 1970.

★ Greer, Mary K. The Complete Book of Tarot Reversals. Llewellyn Publications, 2002.

★ -------------- Tarot for Your Self: A Workbook for Personal Transformation. Newcastle. 1984.

★ -------------- Tarot Mirrors: Reflections of Personal Meaning. Newcastle Publishing, 1988.

★ Gwain, Rose. Discovering Your Self Through the Tarot.: A Jungian Guide to Archetypes & Personality. Destiny Books, 1994.

★ Hamaker-Zondag, Karen. Tarot as a Way of Life: A Jungian Approach to the Tarot. Samuel Weiser. 1997.

★ Kliegman, Isabel Radow. Tarot and the Tree of Life: Finding Everyday Wisdom in the Minor Arcana. Theosophical Publishing House. 1997.

★ Konraad, Sandor. Numerology: Key to the Tarot. Whitford Press, 1983.

★ Louis, Anthony. Tarot Plain and Simple. Llewellyn. 2000.

★ Michelsen, Teresa. Designing Your Own Tarot Spreads. Llewellyn Publications. 2003.

★ Nichols, Sallie. Jung and Tarot: An Archetypal Journey. Samuel Weiser, 1980.

★ Pollack, Rachel. Seventy-Eight Degrees of Wisdom.Thorsons. Thorsons, 1997.

★ -------------- The Complete Illustrated Guide to Tarot. Element. 1999.

★ Tognetti, Arlene & Lisa Lenard. The Complete Idiot's Guide to Tarot and Fortune-Telling. Amaranth. 1999.

★ Waite, Arthur Edward. The Pictorial Key to the Tarot. Wm. Rider & Son, Ltd: London. 1922.

★ Warwick-Smith, Kate. The Taort Court Cards: Archetypal Patterns of Relationship in the Minor Arcana. Destiny. 2003.

★ Westcott, William Wynn. An Introduction to the Study of Kabalah. London, 1910.

國家圖書館出版品預行編目資料

塔羅葵花寶典12周年紀念版：從牌
義、牌陣到解牌入門／向日葵作. --
初版. -- 臺北市：尖端, 2016.02
　面；　公分

ISBN 978-957-10-6370-6(平裝)

1. 占卜

292.96　　　　　　　　104025346

塔羅葵花寶典12周年紀念版

從牌義、牌陣到解牌入門

作者／向日葵

發行人／黃鎮隆
副總經理／陳君平
總編輯／周于殷
美術總監／沙雲佩
封面＆視覺設計／陳碧雲

出版／城邦文化事業股份有限公司　尖端出版
台北市民生東路二段141號10樓
電話：(02)2500-7600　傳真：(02)2500-1971

發行／英屬蓋曼群島商家庭傳媒股份有限公司
城邦分公司　尖端出版行銷業務部
台北市民生東路二段141號10樓
電話：(02)2500-7600　傳真：(02)2500-1979
客服信箱：marketing@spp.com.tw
劃撥專線：(03)312-4212
劃撥戶名：英屬蓋曼群島商家庭傳媒(股)公司城邦分公司
劃撥帳號：50003021
◎ 劃撥金額未滿500元，請加付掛號郵資50元◎

法律顧問／王子文律師　元禾法律事務所　台北市羅斯福路三段37號15樓

總經銷／中彰投以北（含宜花東）楨彥有限公司
電話：(02)8919-3369　傳真：(02)8914-5524
雲嘉以南　威信圖書有限公司
（嘉義公司）電話：0800-028-028　傳真：(05)233-3863
（高雄公司）電話：0800-028-028　傳真：(07)373-0087

馬新經銷／城邦（馬新）出版集團　Cite(M) Sdn.Bhd.(458372U)
電話：603-9056-3833　傳真：603-9056-2833

香港總經銷／城邦（香港）出版集團　Cite(H.K.) Publishing Group Limited
電話：2508-6231　傳真：2578-9337
E-mail：hkcite@biznetvigator.com

版次／108年9月1版12刷　Printed in Taiwan